부의 메신저

가난한 삶을 벗어나는 부의 법칙

부의 메신저

정은영 지음

MESSENGER OF WEALTH

좋은땅

프롤로그
진짜 부자로 살아가기 위해

아침에 눈을 떠서 아침 식사를 준비한다.
아이들을 챙겨 보내고 직장으로 향한다.
일하고 집으로 돌아와 다시 저녁 식사를 준비한다.
수많은 고단함이 묻히며 전쟁 같은 하루가 마무리된다.
누구에게나 평범한 일상이고 아무 일도 일어나지 않는 날들이다.
때론 이런 날들이 지루하게 느껴지기도 한다.
그러나 누군가에게는 이런 평범한 일상이 하루아침에 무너져 회복되지 못한다.

나 역시 18년 전 남편의 다발성경화증이란 병으로 우리 가족의 평범한 일상을 송두리째 잃어버렸다. 대기업을 다니던 남편은 권고사직 당했고, 투병 생활이 시작됐다. 나는 여성 가장으로 살아야 했고, 어린 두 아이도 힘든 시간을 보냈다.

아무것도 없이 결혼생활을 시작해도 둘만 있으면 행복할 줄 알았던 시간은 고통만이 가득한 불안과 공포의 연속이 됐다. 돈이 없어 매년 이사 다녔다. 남편의 다발성경화증 재발로 굳어 버린 몸을 이끌고 응급실을 찾았고 입원과 퇴원을 반복했다. 병원을 갈 때마다 아이들은 다른 집에 맡겨지고 울며불며 부모를 찾는 아이들 생각에 눈물 마를 날이 없었다.

우울증으로 자살 시도를 하며 모든 걸 포기하고 싶었던 순간도 있었다. 나의 모든 우주가 사라져 버리고 삶의 의욕도 삶의 이유도 없었기 때문이다. 나에겐 지켜야 할 아이들이 있다는 걸 망각할 정도로 힘들었다. 내 곁에서 나만 바라보고 있던 아이들을 위해서라도 난 일어서야 했다. '남편의 아픔을 인생의 터닝 포인트로 생각하자'라고 끊임없이 되뇌며 아픈 남편의 삶까지 살아 내고 싶었다.

내 나이 31살부터 18년간 여성 가장으로 살면서 성장한 이야기를 통해 나 자신을 위로하고 남편에게 당신 삶의 몫을 조금이나마 살아 냈다고 말해 주고 싶다. 무엇보다 이 책을 통해 지금 흔들리고 있는, 힘든 길을 가고 있는 나 같은 여성 가장들의 삶을 응원해 주고 싶다. 포기하지 않고 가다 보니 길이 보이고 그 길이 나에게 부로 가는 방법을 조금씩 알려줬다고. 한 푼 없이 시작했지만, 지금은 20억 자산을 이루어 조금이나마 여유를 가지게 된 방법과 물질적인 부분뿐만 아니라 정신적인 관리도 중요하다는 사실을 나누고자 한다. 부는 돈, 건강, 정신, 관계가 모두 조화를 이루어야 진정한 부다.

이 책에서는 물질적인 부를 이룬 부의 메신저, 사람을 사랑하는 부의 본질, 자산 전문가로서 고객을 만나며 느꼈던 보람, 부를 이루는 데 필요한 것들을 제시한다. 여전히 부족하고 모자라지만 계속해서 성장 중인 나의 인생 이야기가 조금이나마 도움이 되길 바란다.

이번 겨울 아이들과 일본 여행을 다녀왔다. 낯선 곳, 낯선 경험을 공유하고 서로 의지하면서 많은 대화를 나눌 시간이 주어졌다. 아이들이 어릴 때는 해 주고 싶어도 해 줄 수 없는 상황들이 많았는데 매년 가족 여행을 다닐 수 있는 시간이 올 줄은 상상도 못했다고 서로 웃으며 이야기했다.

아들은 "엄마, 돈이 없어서 붕어빵 하나 사서 동생이랑 둘이 나눠 먹던 생각이 나. 그때 진짜 우리 집이 가난하다고 느꼈어. 그런데 엄만 독하고 잡초같이 모든 걸 이겨 내면서 살아가더라. 엄마의 인생을 우린 늘 뒤에서 바라보고 살았어. 그동안 얼마나 애쓰고 고생했는지 말하지 않아도 우린 다 알아. 세상에서 가장 존경할 수밖에 없는 엄마의 삶을 어느 사이 나도 닮아 가야겠다고 다짐하고 있더라. 엄마, 그동안 애쓰고 수고 많았어. 이젠 엄마를 위한 삶을 살아도 돼."

아들의 이 한마디가 내 지난날의 아픔과 수고로움이 모두 사라지게 했고 큰 위로를 받았다. '누군가에게는 이런 위로의 말 한마디가 그 사람을 살게 하겠구나'라는 걸 가슴으로 느꼈다.

  이 책을 읽는 사람들이 내 인생을 통해 위로와 다시 나아갈 수 있는 힘이 되는 시간이 되길 바란다.

2025년 3월
부의 메신저 정은영

목차

프롤로그   004
진짜 부자로 살아가기 위해

1장   부의 메신저

1-1. 봄이 왔지만, 나에겐 혹한의 겨울이 왔다   012
1-2. 죽으려니 살길이 보이다   017
1-3. 우리 가족을 책임지는 가장이 되다   022
1-4. 돈에도 무게가 있음을 알다   027
1-5. 나쁜 소비 습관을 개선하다   030
1-6. 잠잘 때도 돈을 버는 파이프라인을 만들다   033
1-7. 불필요한 관계에 시간 낭비하지 마라   039

2장   사랑해야 진짜 부자다

2-1. 18년이란 시간이 지났다   044
2-2. 인생 2막을 다시 꿈꾸다   047
2-3. 남들과 다름을 인정하라   050
2-4. 시간을 내 편으로 만들어라   053
2-5. 아이들에게 물려줄 유산을 만들어라   057
2-6. 가족의 사랑을 알아야 진짜 부자다   061
2-7. 진짜 부자는 몸과 정신이 건강하다   065

3장   모든 부자는 전문가다

- 3-1. 한 분야의 전문가가 되어라   070
- 3-2. 자산과 부채를 점검하라   073
- 3-3. 보험은 자산인가? 소비인가?   076
- 3-4. 소비 습관 점검으로 돈의 로드맵을 작성하라   080
- 3-5. 큰 사고에 대비하는 로드맵을 만들어라   084
- 3-6. 중년에는 노후 준비를 우선으로 하라   088
- 3-7. 배우고 실행하며 로드맵을 수정하라   091
- 3-8. 일정 정도의 돈이 당신을 자유롭게 하리라   094

4장   부자도 연습해야 한다

- 4-1. 자신만의 기준을 세우고 투자하기   098
- 4-2. 버킷리스트 작성하기   101
- 4-3. 무조건 운동하기   106
- 4-4. 자기만의 루틴 만들기   110
- 4-5. '왜'가 아니라 '어떻게'를 질문하기   114

에필로그   116

1장

부의 메신저

1-1.
봄이 왔지만, 나에겐 혹한의 겨울이 왔다

다발성경화증, 희귀 난치병.
난생처음 듣는 병명 앞에 우리 부부는 무너지고 말았다.

그날은 벚꽃이 만개해 가족 단위의 상춘객들이 거리로 쏟아져 나왔고, 병원 창문 밖은 사람들의 물결과 벚꽃으로 술렁거렸다. 남편이 병원에 입원한 지 일주일, 아침 회진 시간이 되자 담당 의사는 뒤에 한 무리의 사람을 이끌고 병실로 들어왔다. 차트를 보면서 연신 한숨을 내쉬더니 남편의 병은 다발성경화증인데 희귀 난치병이란다. 처음 듣는 질병이라 둘은 뭔 병인지 정확하게 인지도 되지 않아 그냥 멍하니 듣기만 했다.

다발성경화증은 희귀 난치병이라 정확한 발병 이유를 모른단다. 치료 방법 역시 치료의 목적보다는 재발 없이 현재 상태를 유지하는 것이 목표라고 했다. 완치되는 약도 없고, 다발성경화증의 진행은 사람마다 달라서 앞으로 어떤 일들이 펼쳐질지는 아무도 모른다고 했다. 남편은 소뇌에 신경 손상이 와서 균형 감각과 발음의 문제가 발생한 상태로 재발은 어느 방향으로 전개될지 모른다고. 뇌신경에 손상이 와서 뇌가 점점 죽어 가는 병이라 앞으로 진행되는 상태를 지켜보잔다. 뭔가 진단은 받았는데 믿을 수 없어 우리 부부는 침묵하고 있었다.

 일주일 동안 입원해서 남편은 혈액검사, MRI 검사, 운동장애 검사, 인지검사, 골수검사, 듣도 보도 못한 검사까지 검사실을 끌려다니며 검사를 받았다. 담당 의사는 의심되는 질병이 있는데 정확하지 않으니 기다리라는 말만 되풀이했다. 의심되는 질병이 있다고만 반복하니 '도대체 어떤 게 의심되는지 정도는 알려 줘도 되지 않나'라는 불평을 토로했다. 마음속으로는 32살의 건장한 남자가 뭐 그리 큰 병이겠나 싶어 휴식이라고 생각하자며 보낸 시간이 야속했다.

 봄을 만끽하는 창밖의 사람들과 달리 나는 창가에 앉아 연신 눈물을 닦았다. 마음을 추스르고 휴게실에 앉아 다발성경화증이 어떤 질병인지 검색하면서 점점 절망적인 마음을 감출 수 없었다.

 '중추신경계의 신경세포를 둘러싸고 있는 세포가 죽으면서 신경신호 전달에 이상이 생기는 병, 뇌실 주위의 백색질 및 척수 등에 염증 세포가 침투하면서 발생하는 자가면역질환'. 검색할수록 암담했다. 소뇌 중추신경에 있는 신경세포가 스스로 공격하면서 균형 감각에 문제가 생겨서 걷는 활동에 문제가 생기기 시작한 남편, 소뇌뿐 아니라 어느 부분에 재발이 일어날지 모르는 병으로 뇌가 점점 죽어 가는 병이라니….

갑자기 눈앞의 모든 물체가 흐려지고 내가 앉아 있는 병원 휴게실 의자가 푹 꺼져 블랙홀로 빨려 들어가는 느낌이 들었다. '땅이 꺼지고 하늘이 무너지는 느낌이 이런 거구나'라는 생각이 들었다. 또다시 소리 없이 눈물이 흘렀다. 목이 메더니 흐느낌이, 그리고 통곡으로 변했다. '왜 하필 나에게? 어떻게 나에게 이런 일이 일어날 수 있어?'라며 지나가는 사람들이 쳐다보든 말든 바닥에 엎드려 땅을 치며 지쳐 누워 버릴 때까지 울었다. 눈꺼풀이 붙어 버려 눈을 뜰 수 없을 정도였다.

병원 창문을 통해 가족 나들이객들을 바라보면서 '평범해 보이는 일상이 이젠 나에게 끝이구나'라는 생각이 들었다. 무서움과 함께 두려움이 한꺼번에 몰려왔다. '이제 난 어떻게 살아가야 하는 건가?'라는 생각에 그 이후부터는 잠을 제대로 이룰 수 없는 날들이 많아졌다.

남편은 퇴원하면서 3개월간 병가를 내고 쉬기로 했다. 당장은 큰 문제없이 일상생활을 할 수 있었다. 하지만 다발성경화증, 희귀 난치병이라는 단어가 남편의 정신에 큰 타격을 줬다. 앞으로 어떻게 될지 모른다는 불안감이 남편을 흔들어 대기 시작했다. 정신적으로 무너지기 시작하니 모든 일에 예민했다. 곧 죽을 사람처럼 모든 걸 내려놓기 시작했다. 먹는 것도 운동하는 것도 모두 거부하고 죽을 날만 기다리는 사람처럼 행동했다.

   3개월 동안 이렇게 생활하다 보니 '오히려 이러다 죽을 수도 있겠다.' 싶어서 남편은 복직을 하기로 했다. 그러나 회사는 희귀 난치병이 있는 사람을 복직시키는 것은 무리라며 복직을 허락하지 않았다. 결국 남편은 권고사직을 통보받았다. 10년간 다니던 첫 직장이자 마지막 직장이 되어 버렸다. 권고사직 후 공허함과 허탈함으로 남편은 더욱 망가져 갔다. 활발하게 활동하던 사람이 갈 곳이 없고 하루 종일 할 일이 없다는 게 사형선고를 받은 것과 같은 심정이었다고 한다. 엎친 데 덮친다고 권고사직으로 인한 억울함이 더해졌다.

   누군가로부터 회사 생활하면서 받은 스트레스로 인해 얻은 질병이라서 산재를 신청할 수 있다는 이야기를 들었다. 노무사를 소개받아 산재 신청에 돌입했다. 노무사는 보수로 500만 원을 요구했고 판례 사례를 만들어 보자며 큰소리쳤다. 당시 나에겐 돈이 없어 빚을 내서 수임료를 내야 하는 형편이었다. '잘 될 수 있다'라는 근거 없는 말에도 '산재 처리가 되면 좋겠다'라는 막연한 생각으로 진행했다. 그러나 호기롭게 자료를 모으고 준비한다고 하던 노무사는 점점 연락 횟수가 줄

어들기 시작했고 먼저 연락도 하지 않았다. 내가 연락하면 대기업을 상대로 산재를 인정받은 경우가 거의 없어서 힘들 수도 있다는 답변으로 일관하기 시작했다. 1년여간의 산재에 대한 법정 다툼은 결국 패하고 말았다. 손발이 잘리지 않는 경우가 아니면 대기업을 상대로 한 소송은 달걀로 바위 치기라는 사실만 깨닫고 우리는 다시 절망에 빠졌다.

1-2.
죽으려니 살길이 보이다

아이들은 4살, 2살. 내 나이 겨우 32살.
'죽어야 끝이 나겠구나'라고 아파트 25층에 서서 생각했다.

결혼 당시 우리는 아무것도 없이 시작했다. 그래도 젊으니까 이뤄 가는 기쁨을 누리면서 살자고 약속했다. 스무 살 때 대학교 커플로 만나 7년 동안 연애하면서 남편은 나를 붙들어 주는 신념이 강한 사람이었다. 적어도 '나를 지켜 줄 사람'이라는 믿음이 있어 결혼을 결심했다. '이 사람하고 살면 적어도 우유부단한 우리 아버지처럼 보증을 잘못 서거나 남한테만 잘해 주는 사람이 아니라 가족을 챙기겠구나' 싶었다. 남편의 병으로 인해 그 꿈이 불과 5년이 채 되지 않아 끝나 버릴 줄 상상도 못했다.

권고사직 때 받은 남편의 1년분 연봉은 6~7개월 만에 사라졌다. 현실적인 경제적 타격은 폭풍우가 되어 우리 가정을 흔들기 시작했다.

돈이 없어 매년 이사를 해야 했다. 학원 운영, 영양사 알바, 과외 등 2~3가지의 일을 하며 새벽 1~2시까지 일해야 겨우 우리 가족 네 명이 먹고살 정도였다.

하루는 딸이 어린이집을 다녀와서 젤리를 사 달라며 울먹였다. 어린이집 친구가 젤리를 가지고 왔는데 본인한테는 주지 않아서 속상했다는 것이다. 천 원이었던 젤리를 사 주려 지갑을 뒤져도 돼지 저금통을 뒤져도 천 원짜리 한 장이 없었다. 젤리를 사 달라고 떼쓰는 아이를 안고 있자니 나 자신이 비참해 견딜 수가 없었다. 몇 시간을 펑펑 울었는지 모른다. 아이들 옷도 주변 사람들에게 물려받아 입혔다. 다른 아이들은 분홍 드레스나 캐릭터 옷을 입었다고 자랑하는데 아이들이 얻어 입는 옷은 이미 유행이 지난 것들이었다. 아이들은 투덜거리고 울며불며 안 입겠다고 난리를 쳤다. 그렇게 아이들은 날마다 마음에 그늘이 드리워지며 웃음을 잃어 갔다. 아이들의 뒷모습을 바라보면서 나는 하염없이 눈물을 흘렸다.

경제적 어려움도 어려움이었지만 남편의 무기력과 정신적 불안은 자기 자신과 가족들을 고통스럽게 했다. 무엇보다 내가 힘들었던 건 남편이 본인 아픈 것도, 권고사직 당한 것도, 모두 나 때문이라고 퍼붓는 폭언이었다. 아이들에게도 집 안에서 장난감을 가지고 노는 것도 집안을 어지럽힌다고 소리 지르고, 음식을 흘리며 먹는다고 소리 지르고 모든 상황에 예민하게 반응하면서 화를 냈다. 어떤 상황이든 무조건 부정적으로 받아들이고 사소한 일에도 화를 내는 일이 다반사가 되자 아이들의 불안 또한 최고조에 달했다.

매일 살얼음판에 서 있는 기분이었다. 모든 게 나 때문이라는 이야기를 자주 듣다 보니 '나만 없어지면 되겠구나'라는 생각에 이르렀다. 가끔 숨을 쉬는 것조차 힘들고, 시간이 갈수록 죽어야 끝난다는 생각이 나를 지배하는 순간들이 많아졌다. '내가 죽어야 모두가 편해지겠구나, 아니 내가 편해지겠다'라는 생각이 머릿속에 가득 차서 나는 매일 밤 아파트 25층으로 올라가기 시작했다. 창밖을 바라보며 어떻게 할까를 고민하는 시간이 길어졌다. 그러던 어느 날 갑자기 창문 밖을 보면서 몸을 반쯤 내밀었다. 순간적으로 아차 싶어 몸을 빼내고 그 자리에서 후회와 자책감으로 밤이 새도록 울다가 집으로 들어갔다.

이 사건 이후 남편과 나는 정신과를 방문했다. 약 처방은 간단했다. 불안을 줄이는 약과 수면제였다. 약의 힘을 빌려 가슴 두근거림과 수면장애는 어느 정도 해결할 수 있었다. 반면 불안은 커져만 갔다. 정신과에서 주는 수면제를 모으기 시작했다. 50알 정도면 고통 없이 끝낼 수 있겠다고 생각했기 때문이다. 50알을 다 모은 뒤 입안에 털어 넣었다. '이제 정말 끝이구나'라는 생각에 마음이 편안해졌다. 한편, 억울한 마음이 올라왔다. '열심히 살아온 나에게 현실은 너무 가혹했고 마지막은 자살이라니'. 아이들도 생각났다. '이대로 죽으면 어린아이들은 어떡하지', '우리 엄마는 어쩌나'라는 생각이 들어 입안에 든 수면제를 모두 뱉어 버렸다. 갑자기 살고 싶다는 강렬한 마음이 일었다. '수면제 모을 열정이 있다면 살아 봐야겠다'라는 생각이 들었다.

그 후 나는 스스로 살아야 하는 이유를 찾으며 나와 아이들을 돌보기 시작했다. 먼저 남편의 다발성경화증은 누구에게나 올 수 있는 질병이라는 사실을 받아들였다. 그 선택은 우리가 할 수 없는 신의 영역이니 내가 어찌할 수 없는 일이라는 걸 오랜 시간이 걸렸지만 인정했다. 두 번째는 부모의 역할에 대해 새롭게 인식했다. 아픈 아빠든 가난한 가정이든 아이들이 선택할 수 없지만 부모가 아이들에게 줄 수 있는 건 부모의 선택이라는 사실을 깨닫게 되었다. 그동안 내가 생각하던 평범한 가정, 남들에게 일상적인 일들이 이제 나에게 없다는 사실을 인정하는 순간 나만의 모습으로 살아갈 용기가 생겼다.

남편은 재발이 잦아져 응급실로 달려야 했고, 한 달에 한 번 정도 입원했다. 새벽에 응급실을 갈 때면 아이들은 전화를 받는 이웃집에 맡겨져 며칠을 보냈다. 모르는 집에서 엄마, 아빠가 언제 올지 모르는 불안함을 아이들은 견뎌야 했다. 둘째 아이는 손톱을 물어뜯어 손톱이 거의 없는 상태인데도 그것조차 신경을 쓰지 못했다. 그렇게 그저 살아야 한다는 마음으로 동분서주하면서 1년이라는 시간이 지났다. 내가 무엇을 하고 있는지, 남편과 아이들이 어떻게 지내는지 살피지도 못한 채 1년을 지내고 보니 새로운 것들이 눈에 들어오기 시작했다.

'이대로 살다가는 아이들이 점점 망가지겠구나', '우리 네 식구는 뿔뿔이 흩어질 수도 있겠구나'라는 데 생각이 미치자 나는 지금이 내 인생을 재정비할 시기임을 알아차렸다. 그때부터 나에게 던지는 질문을 바꾸었다. '왜 나만 이런 일을 겪어야 하나?', '왜 나만 힘들게 살아가는 건가', '왜 불행은 나를 비껴가지 않는 건가', '왜 내 인생은 나락으로만 가는가'라며 '왜? 왜? 왜?'에 집중했다면 '어떻게'로 질문을 던지기 시작했다.

'어떻게 지금의 상황을 돌파해 나갈 수 있을까?', '아이들을 어떻게 지킬 수 있을까?'라고 질문을 바꾸며 그에 맞는 방법을 생각했다. 어떻게든 현실을 돌파해야 했다. 아픈 남편을 돌보면서 가정을 지킬 수 있는 방법을 찾아 몰두했다. 질문을 바꾸니 답이 보였다. 먼저 매년 이사하는 것도 불안했고, 엄마, 아빠의 잦은 부재로 이집 저집을 다니면서 생활하던 아이들에게 안정적인 돌봄을 하는 어른이 있어야 한다는 결론을 내렸다.

죽으려고 하니 살 이유가 생기고, 간절하게 살아야 함을 깨닫자 비로소 나는 한 걸음을 옮길 수 있었다.

1-3.
우리 가족을 책임지는 가장이 되다

'어떻게'에 대한 질문으로 답을 얻어 우리 가족은 남편 고향인 안동으로 이사했다. 아이들은 유치원을 마치면 언제라도 맞아 줄 할머니가 있어 점차 안정을 찾아갔다. 하지만 나는 낯선 곳에서 생활하는 게 쉽지 않았다. 많이 외로웠다. 아는 사람 한 명도 없는 곳에서 이야기할 사람도 없었다. 답답한 마음을 어떻게든 풀어낼 방법을 찾아야만 했다. 매일 밤 아이들을 재우고 9시나 10시에 집을 나와 2~3시간을 걷고 또 걸었다. 걸으면서 울다가 웃다가 혼자 마음을 정리했다. 차츰 혼자임을 인정하고 스스로 위로하는 법을 배우기 시작했다.

안동에서 먹고 살 방법을 고민하다 과외 공고도 올리고 공부방도 오픈했다. 한 달이 지나도록 3통의 전화가 걸려 왔을 뿐 단 한 사람의 수강생도 받지 못했다. 안동이라는 지역에 대한 분석이 부족했던 탓이다. 작은 지역사회의 특성상 낯선 사람에 대한 경계가 심하고 마음을 여는 데 시간이 걸린다는 사실을 전혀 인지하지 못했던 거다.

때마침 학교 앞 분식점을 내놓는다는 소식을 듣고 일단 그거라도 해야겠다고 마음먹었다. 남편도 간간이 도울 수 있는 일이라 생각하니 마음이 급해졌다. 해 보지 않은 일인데도 무슨 용기였는지 찾아가서 덜컥 계약해 버렸다. 주변에서는 나보고 다들 미쳤다며 만류했다. 하지만 당장 할 수 있는 일도 없고 먹고 살 방법이 없는 낯선 곳에서 뭐라도 해야 한다는 생각이 강했다. 당장 보증금 낼 돈도 없으면서 일은 저질렀고 이곳저곳을 알아보다가 겨우 소상공인 대출을 받아 보증금 1천만 원으로 분식점을 열었다. 학교 앞 분식점이라 500원, 1천 원짜리 장사였다. 그래도 끊임없이 아이들이 줄을 섰고 수업을 마치는 시간에는 가게가 터져 나갈 정도였다. 작은 돈이지만 돈을 벌 수 있다는 기쁨이 생겼다. 하루 종일 서서 일하느라 잡생각 할 시간도 없었다. 화장실 갈 시간도 없고 식사할 시간도 없어 방광염과 위염을 달고 살았지만, 일할 수 있는 곳이 있는 것만으로도 행복했다. 일 년 반 동안 분식점은 잘 운영됐지만 내 몸은 점점 망가져 갔다. 제시간에 끼니도 해결하지 못하다 보니 체력도 떨어졌고 방광염으로 병원 신세를 계속 져야 했다. 나까지 아프면 안 되기에 분식집을 접었다.

마냥 놀 수 있는 상황이 아니라서 아르바이트로 영양사, 학습지 교사, 화장품 방문판매도 했다. 근근이 먹고 살던 중 보험사를 방문할 기회가 생겼다. 지점장은 나보고 보험설계사 일을 해 보라고 권유했다. 나는 한 번도 생각해 보지 않았던 직업이라 무조건 안 하겠다고 거절했다. 몇 번을 거절하던 어느 날 지점장과 자산 관리에 대해 이야기를 나누다 뒤통수를 한 대 맞았다. 자산이란 걸 관리해 본 적도 없지만 생각해 본 적도 없는 인생이라는 사실이 충격이었다. 한편, 남편의 병으로 보험사와 실랑이를 벌이면서 느낀 무지함이 있었기에 보험설계사로 일하면서 나와 같이 무지함으로 고통받는 사람들에게 도움을 주면 좋겠다는 마음이 들었다.

보험회사에 입사해 자산 관리 차원에서 나의 재무 상태부터 살펴보았다. 고개를 들 수 없을 만큼 부끄러웠다. 마이너스 인생이라는 건 알고 있었지만, 현실을 알고 싶지 않아서 회피하고 살았던 내 모습을 보았다. 돈에 대한 개념조차 없이 살아온 날들이었음을 알았다. 안동에 내려올 때도 그랬다. 돈도 없으면서 시어머니의 빚을 갚기 위해 신용 대출까지 받았다. 대출금으로 1천5백만 원을 갚아 주며 나는 젊으니까 벌면 된다고 말씀드렸다. 있는 돈을 드린 것도 아니고 빚까지 내서 시어머니 빚을 갚아 주는 무모함이라니.

우리 가정의 보험 상태 또한 엉망이었다. 보험을 정리하는 과정에서 나는 갑상선 결절 이력이 있어 현재 상태를 진단받아 회사에 고지해야 했다. 건강검진도 받을 겸 병원에 갔다. 초음파를 보던 의사의 표정이 심상치 않았다. 결절 모양이 찌그러져 있다며 미세침흡인세포검사를 하라고 했다. 검사를 하고 일주일 뒤 병원을 방문하니 갑상선암이란다. 림프와 붙어 있는 곳에 있으니 되도록 빨리 수술하라고 권했다. 진료실을 나오면서 갑상선암은 별거 아니니까 괜찮다고 혼자 되뇌었다. 마음과는 달리 터져 나오는 눈물로 눈앞이 보이지 않을 정도였다.

신세 한탄이 저절로 나왔다.
'지지리 복도 없는 년, 남편도 아픈데 너도 아프고…. 도대체 답이 안 보인다.'

한 달 뒤로 수술 날짜가 확정됐다. 나름대로 마음을 추스르고 또 추슬러도 지나간 일까지 올라와 나를 괴롭혔다. 괜찮다는 말은 거짓말이고 내 속마음은 어두운 동굴 속으로 깊이 들어갔다. 남편이 아팠을 때 들던 마음과 내가 아픈 건 또 다른 차원이었다. 내 마음속에 더 깊은 불안과 공포가 밀려왔다. 내가 가장인 상황에서 혹시 일을 할 수 없거나 무슨 일이 있으면 어떻게 되는지가 머릿속에 그려지면서 잠을 이룰 수 없었다. 남편이 아프면서 스트레스로 인해 생긴 건선 피부질환이 심해져 붉은 반점들로 온몸을 뒤덮었다. 가려움까지 더해져 죽을 만큼 고통스러웠다.

어김없이 수술 날짜는 왔고 나는 입원했다. 다음 날 수술실로 가는 10분 동안 지나간 날들이 파노라마처럼 스치고 지나갔다. '마취하고 못 깨어나면 어떡하지?', '수술은 잘 되겠지?', '후유증은 없겠지?', '아이들을 앞으로도 잘 지켜 나갈 수 있겠지?' 온갖 걱정을 하면서 수술실에 들어가 수술대 위에 누웠다. 눈을 떠보니 회복실이었다.

죽었다 다시 살아난 기분이었다. '이런 게 다시 사는 기분인 거구나'라는 마음이 들었다. 수술도 잘 마쳤고, 입원해 있던 4일은 나에게 인생의 2막을 여는 준비 기간이었다. 휴식을 취하니 건선도 점차 좋아졌다. 스트레스가 얼마나 무서운 건지 알았다. 죽고 싶다더니 간절하게 살기를 바라는 나를 보면서 인간은 참 간사하다는 생각도 했다.

집으로 돌아와 2주일 동안 푹 쉬었다. 내 인생에서 쉼을 가질 수 있어 더없이 감사한 시간이었다. 더 감사한 일은 암으로 인해 4천만 원이라는 큰돈이 나에게 생겼다. 아파서 생긴 보험금이 뭐 그리 감사할 일이었겠냐 하겠지만 그 당시 우리 형편에 4천만 원은 하늘에서 내려 준 선물 같았다. 분명 죽을 거 같은 고통이었는데 가느다란 한 줄기 빛이 들어오니 숨을 쉴 수 있는 공간이 생기는 게 신기했다. 나는 그렇게 가장이 되어 갔다. 그리고 언제든 죽을 수도 있다는 각오로 하루를 살았다.

1-4.
돈에도 무게가 있음을 알다

돈에도 무게가 있다는 사실을 아는가? 돈은 돈이지 뭐 무게가 있냐고 말하는 사람도 있겠지만 나는 다양한 경험을 통해 돈의 무게를 알아갔다.

보험설계사로 전국을 다니며 일을 하면서 나는 2년간 스터디 카페도 운영했다. 2년 동안 하루도 빠짐없이 새벽 5시에 스터디 카페에 나가 청소를 직접 했다. 무인으로, 365일 24시간 운영되는 스터디 카페 특성상 하루도 빠짐없이 청소해야 했다. 집 청소는 내가 쉬고 싶으면 하루 정도 하지 않아도 되는 일이지만 스터디 카페는 회원들에게 쾌적한 환경을 제공하기 위해 환기부터 청소까지 매일 해야 했다. 60평 정도의 카페 청소량은 집 청소와는 달랐다. 화장실 3개, 책상 56개, 스터디룸, 계단, 휴게실 2곳을 매일매일 쓸고 닦는 일은 쉬운 일이 아니었다. 인건비도 아끼고 카페 관리도 할 겸 선택한 일이었으나 힘든 일이었다.

청소 시간은 회원들이 없는 새벽 시간이 적당했다. 스터디 카페 청소 후 집으로 돌아와 출근 준비를 해야 하기에 새벽 5시에는 반드시 집을 나서야 했다. 아무도 없는 시간, 적막한 시간에 나 홀로 땀 흘리며 하는 청소는 힘에 부쳤다. 직장에서는 가끔 휴가도 있고 쉬는 시간도 있지만 스터디 카페의 새벽 청소는 쉬는 시간도 휴가도 없었다. 가끔 아르바이트생을 고용해야 하나 고민도 했다. 그러나 이 경험이 나에게 좋은 습관을 만들어 준다고 생각하며 그 시간을 견뎌 냈다. 노력한 시간은 배신하지 않는다. 그 시간은 어떤 어려움도 견뎌 낼 수 있도록 나를 단련시켜 주었고, 하루도 빠지지 않는 매일의 노력이 얼마나 값진 것인지 알게 했다. 특히 땀 흘려 번 돈의 무게가 한층 소중하고 무겁다는 걸 알도록 나를 가르쳤다. 복권에 당첨된 사람 중에는 전보다 못한 삶을 사는 사람도 있다고 한다. 본인이 노력해서 번 돈이 아닌 공짜 돈이라서 돈의 무게를 모른 채 가치 있게 쓰지 못해서 생긴 결과이다.

나에게는 여러 가지 형태의 수입이 있는데 땀 흘려 번 돈은 그 무게감이 확실히 무겁다. 스터디 카페에서 들어온 수입은 10원도 쓰지 않고 온전히 저축할 수 있었던 비결이기도 했다. 투자한 부동산에도 쉽게 진행되는 매물이 있고 유독 힘들게 하는 매물도 있다. 내 마음을 유난히 힘들게 한 물건이 해결되고 나면 그 수입은 다른 돈보다 기억에 많이 남는다. 세상에 공짜 돈은 절대 없다. 애쓰고 노력한 돈은 그 안에 나의 땀과 시간과 추억이 담겨 있어 귀하다. 공짜로 들어온 돈은 공짜라는 무의식에 지배당해 나도 모르게 그냥 흘려보내고 있다는 사실도 발견하곤 한다. 스터디 카페를 운영하면서 돈에는 확실히 무게가 있다는 걸 알았다.

  무게감 있는 돈은 나를 변화시키는 계기도 되었다. 돈을 대하는 철학을 만들어 준 것이다. 김승호 회장은 『돈의 속성』에서 돈에도 인격이 있다고 말한다. 돈을 대하는 태도에 따라 돈이 들어오기도 하고 흘러 나가기도 한다고 한다. 나 역시 돈을 벌면서 돈의 무게감을 알았고, 그 무게감이 돈의 인격이란 걸 알게 되었다. 돈을 어떻게 대하는지에 따라 돈은 나의 친구가 되기도 하고 내 위에서 군림하며 나를 휘두르는 군주가 되기도 한다. 돈을 벌기 전에 돈의 무게를 가늠할 수 있는 사람이 되고, 돈을 벌면서는 돈의 무게를 아는 사람이 되었으면 한다.

1-5.
나쁜 소비 습관을 개선하다

우리는 매일 돈 때문에 울고 웃는다. 직장에 가기 싫어도 꾸역꾸역 다니며 돈 버는 행위를 한다. 돈이 내 삶에서 차지하는 부분이 크기 때문에 어쩔 수 없다는 걸 우리는 안다. 하고 싶지 않은 일도 해야 하고, 굴욕적인 시간도 견뎌야 한다. 그렇게 힘들게 번 돈인데 스트레스 받는다고 잦은 외식과 배달 음식에 돈을 펑펑 쓴다. SNS 업로드를 위해 전국 맛집 투어를 다니며 자랑하기도 한다. 댓글에 올라온 부러움이 묻어난 글은 잠깐의 위로가 되지만 내 통장은 '텅장'이 되어 간다. 먹는다고 돈 써 놓고 살이 쪘다고 다이어트 보조제에 가지도 않는 헬스장 정기권까지 돈을 잘못 사용하는 악순환을 만들기도 한다.

나에게 위로가 필요하다는 명목으로 계획에도 없는 쇼핑에 몰두하기도 한다. 매일 집 앞에 놓인 택배를 받아 보는 재미가 힘든 직장 생활의 활력소가 되는 듯하다. 심지어 택배를 뜯지도 않고 그냥 쌓아 놓는 경우도 많고 옷 또한 뭐가 있는지를 모르고 유행 따라 필요할 것 같아서 사는 경우도 많다. '남들이 자기를 어떻게 볼까'라는 타인의 시선을 의식하며 옷을 살 때도 있다.

재정상담을 할 때 나는 가계부를 써 보라고 권유하곤 한다. 그럴 때마다 사람들은 가계부를 쓰다가 포기했다고 말한다. 가계부를 쓰면 뭔가 달라져야 하는데 매달 같은 수입에 지출이 줄지도 않고 늘기만 한다고 한탄한다. 가계부를 쓰면 수입, 지출은 당연히 알 수 있고 기록하는 과정에서 나의 심리 상태가 보인다. 소비 습관을 분석해 보면서 나의 현재 상태를 알아야 본인의 문제점을 파악할 수 있고 지출을 줄일 수 있다.

소비되는 품목에는 자신의 연약한 부분이 드러난다. 남편이 아프면서 경제적인 어려움이 닥치자 나는 동생에게 옷을 얻어 입을 때가 많았다. 내 스타일도 아니고 남이 입던 옷이라 늘 초라해 보였다. 옷을 주는 동생은 언니 생각해서 주는 거였는데 나에게는 얻어 입었다는 부끄러움이 마음 깊숙이 자리 잡고 있었다. 돈을 벌기 시작하면서 옷 사는 거에 지름신이 내리기 시작했다. 계절별 색깔별로 정장, 평상복, 운동복, 심지어 잠옷까지 사들이기 시작했다. 옷장이 터질 것 같은데도 옷 사는 소비 습관을 인식조차 하지 못했다. 나에게 가장 약했던 부분에서 쾌락을 느끼는 순간, 모든 것을 보상받는 거 같고 위로가 되는 거 같아 중독으로 이어질 수 있다는 사실을 몸소 체험했다.

가계부를 쓰기 시작하자 소비 습관이 한눈에 보였고 옷을 무의식적으로 사들이는 내 욕망을 발견했다. 쇼핑중독에서 벗어나기까지 나의 자존감이 우선 회복되어야 한다는 것을 알았다. 가계부를 쓸 때는 나의 목표가 무엇인지를 파악하면서 써야 소비 습관을 바로잡을 수 있다. 막연하게 부자가 되고 싶다는 생각만으로 부자가 될 수 없다. 현재의 수입을 높일 수 없다면 소비 습관을 파악해야 하고 가계부를 통해 계획을 세워야 한다. 수입이 매달 똑같아 가계부를 쓸 수 없다고 말하기 전에 나에게 나쁜 소비 습관이 무엇인지 먼저 파악하라. 돈 관리는 거기서부터 시작한다.

1-6.
잠잘 때도 돈을 버는 파이프라인을 만들다

안산에서 지인을 만날 일이 있었다. 식사 중에 지인은 정부가 1인 기업에 지원을 많이 해 준다고 말했다. 그래서 1인 기업가는 늘어나는데 그들이 사용할 사무실이 없어서 일할 장소를 찾는 사람은 많다는 거였다. 지인과 이야기를 나누면서 내 머릿속은 반짝거렸다. 상가를 사서 1인 기업가들이 사용할 장소를 마련해 주면 어떻겠느냐는 의견을 모았다.

돈이 문제였다. 고민 끝에 빚으로 산 집이 조금 올라 살고 있는 집을 팔고 전세 대출을 받아 이사하기로 결정했다. 이사 갈 집은 30년 된 구축 아파트로 수리를 한 번도 안 한 집이라 베란다 문도 제대로 닫히지 않는 곳이었다. 식구들은 모두 이사 가기 싫다고 난리였지만 돈을 마련할 방법은 그것뿐이었다. 이사를 결정하고 집을 정리하고 보험금으로 받은 4천만 원을 합쳐 7천만 원을 마련했다.

지인과 발품을 팔아 1인 기업들이 입주할 만한 상가 한 층을 매입하기로 했다. 위치는 안산이었고, 7층 건물의 5층이었다. 교회가 있던 자리로 공실 상태였다. 1층이 아니어서 가격 면에서 조율도 가능했고 대출도 80퍼센트나 가능해서 매입했다. 1인 기업가가 입주할 수 있는 사무실로 휴게 공간 인테리어 공사를 마치고 부동산에 홍보했더니 한 달 만에 모든 공간에 입주자가 들어왔다.

당시만 해도 공유 오피스 개념이 없던 시절이었다. 주위 사람들은 미쳤다고 하지 말라고 만류하던 투자였다. 돈도 없는데 빚까지 내고 이사까지 가면서 하는 건 안 된다고 말렸다. 하지만 나는 매달 돈이 들어오는 파이프라인 하나를 만들고 싶었다. 아파서 누워 있어 보니 나를 대신할 돈벌이가 얼마나 절실한지 알게 되었기 때문이다. 대출이 많아서 월세를 받으면 대출금과 이자를 내고 순수익이 월 100만 원 정도였다. 많다면 많고 적다면 적은 금액이었지만 나에게 처음으로 부동산투자에 도전할 수 있는 용기를 주었다. 이를 계기로 나는 부동산투자의 길도 걷게 됐다.

저축해서 처음 만든 종잣돈 2천만 원. 나는 이 돈으로 무엇을 할지 고민했다. 2천만 원이 나에겐 큰돈이었지만 투자에 쓰이기는 턱도 없이 적은 돈이기에 부동산 임장(현장에 나오다)을 다니면서 좌절하고 또 좌절했다. 할 수 있는 게 없다는 좌절감에 빠져 있을 때 신용대출 7천만 원이 가능하다는 소식에 총 9천만 원의 돈을 손에 쥘 수 있었다. 9

천만 원도 큰돈이 아니기에 매매가와 전세가 차액이 많지 않은 일산의 아파트에 투자했다. 전세 세입자가 들어오기까지 하나하나 절차를 배우며 투자에 대한 개념도 알았고 자신감이 붙었다.

다시 종잣돈 7천만 원이 모여 삼성전자 근처 수원에 있는 아파트에 임장을 갔다. 큰 회사가 있는 곳이라 수요가 충분하다는 생각이었다. 전세가와 매매가가 큰 차이가 나지 않아 매입했다. 이 매물은 거의 3배 가까이 올라 중간 갭 수익을 내주었다. 여기서 발생한 수익으로 화성의 오피스텔 한 채를 추가 매입했다. 오피스텔에서는 매년 5퍼센트씩 상승분이 들어오고 있다.

그러나 부동산으로 매번 수익을 낼 수는 없었다. 부모님이 살고 계신 부산 영도. 섬이다 보니 다른 지역보다 낙후되어 있고 교통편도 좋지 않아 집값이 오르지 않는 곳이다. 낙후된 영도에도 재개발이 시작되고 부모님 집 앞은 아파트가 계속 세워지고 있었다. '영도도 어쩔 수 없이 재개발되는 지역이구나'라고 생각했다. 그때 지은 지 30년이 넘은 4천 세대 아파트가 눈에 들어왔다. 세대수도 많고 오션뷰를 자랑하는 곳이라 지금 당장은 아니더라도 재개발이 될 수 있는 곳이라 생각하고 매매를 결정했다. 그러나 여전히 재개발 이야기만 오가고 결정되기까지 꽤 긴 시간이 걸릴 거 같다. 6천만 원 정도밖에 투자하지 않았기에 아이들에게 물려줄 자산이라 생각하고 묻어 두기로 했다.

생활 숙박 시설이 유행하면서 시화호 반달섬의 생활 숙박 시설을 분양받았다. 이곳은 부동산투자를 하면서 최악의 투자가 됐다. 매달 수익이 들어오지만 팔리지 않겠다는 생각이 드는 곳이다. 생활 숙박 시설에 대한 규제와 근처 수많은 생활 숙박 시설의 경쟁으로 앞으로 어떻게 될지 모르는 매물이기 때문이다. 구미에서도 아파트 한 채를 매입했다. 전혀 오르지 않던 구미 부동산이 움직이면서 작게라도 수익을 낼 수 있겠다 싶어 매매를 결정했는데 오히려 마이너스가 난 상태로 팔았다.

부동산투자는 잘된 곳도 있지만 마음을 아프게 하는 곳도 생긴다. 그러면서 나는 겸손을 배운다. 한창 오를 때는 좋은 물건이지만 출구가 없어지기도 하고, 마이너스 수익이 되는 걸 체험하면서 더욱 신중해야 함도 배운다. 많은 걸 가지는 것보다 제대로 된 걸 가지는 것이 필요하다는 교훈도 얻었다.

여러 건의 부동산 매매를 하면서 공실이 생길 때 여윳돈이 있어야 한다는 걸 알았기에 목돈 모으는 일도 게을리하지 않았다. 보험설계사 소득 50퍼센트를 저축하고 부동산 갭 수익, 월세 수익을 모두 모으기 시작했다. 돈 모으는 재미와 기쁨이 어떤 것인지를 점점 알아 가며 나는 행복했다.

또 한 가지 부동산은 언제 오르고 언제 내릴지 모르기 때문에 다른 파이프라인도 필요하다는 걸 알게 되었다. 새로운 수익 파이프라인을 위해 운영했던 게 스터디 카페였다. 2년간 매일 5시에 일어나 청소를 하면서 고요한 새벽 시간에 나를 점검하는 시간이었고 고생한 만큼 수익은 매월 저축했다. 부동산이 오르내리면서 일정 금액 미국 주식을 사기 시작했다. 배당 수익이 조금씩 들어오는 재미도 느낄 수 있어 매월 적금처럼 일정 금액을 사고 있다.

보험설계사로 일하면서도 나는 '연금저축이 필요한가?'에 대해 고민했다. 수익률이 좋은 것도 아니고 부동산이나 주식에 비하면 수익에 있어 별 재미가 없는 상품이라고 생각했기 때문이다. 그러던 중 매달 연금을 받는 분들이 부러웠고 내 돈을 잘 지키는 것도 큰 수익이라고 느꼈다. 기본 연금이 나오는 구조에서 소득 수익, 부동산과 주식 등의 수익이 더해져야 금상첨화라는 걸 알게 되었다. 집 짓기에 비유하자면 기초 작업은 연금이고 집 크기나 층수는 다른 수익이라는 걸 알았다. 그래서 국민연금과 보험회사 개인연금을 합쳐 혼자 사용할 수 있는 노후 자금으로 매월 5백만 원 정도 규모를 준비 중이다.

토지 매입, 상품기획, 분양, 사후 관리까지 하는 부동산 디벨로퍼(developer)에도 관심이 생겨 공부했다. 디벨로퍼는 혼자 할 수 있는 일이 아니어서 나는 강원도 홍천 펜션 사업에 도전했다. 토지 매입부터 펜션을 지어서 애견 펜션으로 만드는 과정까지 투자자로 참여하며 공부했다. 토지를 매입하는데 거의 일 년이란 시간이 걸렸고, 다른 펜션과의 차이점을 찾기 위해 다양한 펜션을 방문해 시장조사를 했다. 시공, 시행, 분양까지 3년이라는 시간 동안 나는 매달 홍천을 오갔다. 내가 직접 하는 일이 아닌데도 하나하나의 과정이 얼마나 어렵고 힘든지 알 수 있었다. 분양이 마무리되면서 투자금의 1.6배 수익을 냈다.

투자를 계속하려면 버는 액수가 많아야 저축할 수 있는 여력도 커지는 건 당연한 일인지라 쉬는 날도 없이 일을 했다. 보험설계사, 자산관리사, 부동산투자, 주식투자, 디벨로퍼 투자자, 스터디 카페 운영, 공유 오피스 운영이라는 다양한 경험을 하면서 무일푼에서 자산을 하나씩 형성해 나갔다. 극한 고통에 놓이는 순간들도 많았으나 그 시간은 나를 성장시키는 성장통이었다.

결혼할 때 1천만 원으로 시작해 나는 지금 20억 자산가가 되었다. 늘 어제보다 나은 오늘을 꿈꾸며 한 걸음씩 걸어온 결과였다.

1-7.
불필요한 관계에 시간 낭비하지 마라

우리는 관계 속에서 살아간다. 유용한 관계이든 어쩔 수 없는 관계이든 누군가와 관계를 맺고 살아간다. 나는 사람과 어울리고 관계 맺는 걸 좋아했다. 좋아하는 거에 그치지 않고 좋은 사람 콤플렉스가 있었다. 어릴 때부터 모나지 않고 둥글게 인간관계를 맺어야 한다고 부모님이나 학교, 사회로부터 무언의 강요를 받아 왔기 때문이다. 결혼하고 나서도 우리 집은 늘 사람들로 북적였다. 다른 집은 불편한데 우리 집은 왠지 편하다는 말에 기분 좋았고, 사람을 초대해서 대접하는 것도 좋았다.

남편이 아프고 긴 투병이 시작되면서 주위 사람들이 떠나가기 시작했다. 내 상황이 좋을 땐 좋은 관계지만 어려운 상황이 되니 주변 사람들에게 민폐가 된다는 마음이 커서 나 또한 사람들을 멀리했다. 나를 위로한다고 한 친구는 "너는 이 상황을 잘 이겨 낼 수 있을 거야. 누구에게나 이런 상황을 주지 않아. 너니까 감당할 수 있어서 주어진 거야"

라고 말했다. 나는 그 말에 흥분해서 "나니까 주는 고통이라고? 나 이런 거 감당 못 해. 아니 하기 싫어. 다시는 너 얼굴 보고 싶지 않아"라며 소리를 질렀다. 자기가 아니라서 다행이라는 생각이 묻어 난 것 같은 말투에 화가 치밀어 올랐기 때문이다. 위로라고 한 말이었는데 내가 그 위로를 받을 만한 그릇이 되지 않아 친구를 떠나보낼 때도 있었다.

얼마의 시간이 흐른 뒤 그 친구에게 연락이 왔다. 그때 위로의 말이긴 했지만 한 편으로는 자기가 그런 처지가 아니라 다행이라는 속마음도 있었다고 고백했다. 지나고 보니 나 또한 누군가의 아픔에 나는 아니어서 다행이라는 생각을 하지는 않았는지 뒤돌아보게 되었다.

가정이 무너지고 과연 이 관계를 유지해야 하나라는 고민으로 잠을 이루지 못할 때가 많았다. 가까운 사이일수록 적당한 거리와 적당한 말이 필요하다는 것, 가까운 관계일수록 고민이 더 큰 것은 당연하다는 것, 아무리 좋은 관계도 타인이 내가 될 수는 없다는 사실에 대해 곱씹으며 지새우던 날들이었다.

우리는 인간관계로 인해 좋은 에너지든 나쁜 에너지든 영향을 받는다. 사람들은 일이 많은 건 일을 하면 되는데 관계가 힘들어지면 스트레스를 받는다고 말한다. 이럴 때는 관계에 대해 진지하게 생각해야 한다. 이 관계를 통해 내가 성장할 수 있는지, 아니면 나의 인생을 흔들 수 있는 부정적인 관계가 될 것인지 판단해야 한다. 좋은 에너지를 나누면서 관계를 유지할 수 있는 사람이라면 당연히 같이 갈 수 있지만, 관계를 통해 스트레스 받고 나를 힘들게 하는 부정적인 에너지를 주는 관계라면 과감하게 정리해야 한다.

　세상에 좋은 관계는 많다. 누구나가 나랑 맞는 건 아니라는 사실도 알아야 한다. 또한 누구에게나 좋은 사람이 아니어도 된다. 한국 사회는 좋은 사람 콤플렉스에 시달리는 사람들이 많다. 어릴 때부터 친절해야 하고 양보해야 하고 좋은 사람이어야 한다고 강요받았기 때문이다. 좋은 게 좋은 거라고 내 마음이 힘든데도 좋은 사람이어야 한다는 굴레에서 벗어나지 못한다. 좋은 사람인 건 좋지만 나를 힘들게 하면서까지 좋은 사람 흉내를 낼 필요는 없다.

　나도 행복하고 상대도 행복한 관계도 많다는 사실을 기억하자. 불필요한 관계라면 좋은 관계를 만나기 위한 과정이라고 생각하고 정리하는 게 좋다. 불필요한 관계에 에너지를 쏟고 낭비할 시간에 나를 돌보는 일에 더욱 집중하자.

2장

사랑해야 진짜 부자다

2-1.
18년이란 시간이 지났다

18년이란 세월이 어떻게 지나갔는지도 모르게 흘렀다. 나의 30대와 40대는 우산을 덮는 천은 없고, 우산의 살만 남아 있는 모습과 같았다. 살만 남아 있는 우산을 하나 들고 버티며 넘어지지 않으려고, 어딘가로 쓸려 가지 않으려고 안간힘을 쓰면서 폭풍우를 맞았다.

아픈 남편은 점점 상태가 나빠져서 10년째 요양병원에서 와병 중이다. 누군가의 도움 없이는 식사도 생리현상도 해결할 수 없는 상태다. 2살, 4살이던 아이들은 커서 20살 대학생과 군 복무하는 22살 성인이 되었다. 아빠와 축구하고 싶다던 아들의 바람도 빛이 바랬고 아빠가 곁에 없는 아쉬움도 마음 한편에 묻어 두었다. 아빠의 부재와 바쁜 엄마로 인해 아이들은 자기 몫은 자기가 해결하며 살았다. 가난과 아빠의 부재를 어릴 때부터 당연한 것으로 받아들이고 살며 나에게 요구하는 것도 거의 없을 정도였다.

나는 아이들이 커 가면서 다른 집과 다른 환경에서 살아가는 아이들에게 늘 미안한 마음이 앞섰다. 엄마, 아빠의 사랑을 받지 못해 마음 한편이 아팠을 아이들을 생각하면 가슴이 찢어지듯 아프다. 아빠의 부재가 아이들의 마음에 커다란 구멍으로 남아 있을 걸 생각하면 너무 안쓰럽다. 집안일도 본인들이 도와야 한다는 걸 알고 말하지 않아도 스스로 빨래 담당, 청소 담당을 정해 해 나가고 있다. 사춘기도 집안 분위기 때문인지 티도 안 내고 지나가 버렸다. 칭얼거리며 부모에게 떼 한 번 쓰지 못하고 자란 아이들. 너무 빨리 철이 들어 버린 것 같아 미안하고 감사한 마음이 공존한다. '이 또한 너희들의 삶'이라고 이야기하면서 미안한 마음을 내려놓으려 하나 부모인지라 쉽지 않다.

내가 아이들에게 해 줄 수 있는 건 보통의 가정과 어차피 다른 거라면 '하고 싶은 거 하면서 살라'고 권할 뿐이다. 첫째 아이는 중학교 3학년 때 영어 공부를 하고 싶다고 필리핀의 클락으로 어학연수를 떠났다. 다른 세상에 놓인 아이는 자신이 많이 뒤처져 있는 것을 발견했다고 한다. 코피까지 흘려가며 공부해서 매달 한 단계, 두 단계 성적을 올렸고, 이후 미국 텍사스주에 있는 고등학교에 교환 학생으로 갔다. 미국에서 아이는 혼자 외로운 시간을 견디며 힘들었다고 한다. 그래도 그 시간은 다른 아이들이 경험하지 못하는 시간이었다는 걸 알기에 소중한 기억으로 남았다고 말한다. 코로나로 인해 학교는 폐쇄되고 아시안들에 대한 차별과 추방이 시작되면서 아이는 한국으로 돌아왔다. 정신적으로 타격이 큰 상황이었지만 다시 검정고시를 준비하고 최연소 공인중개사도 합격하면서 본인만의 커리어를 만들어 가고 있다.

둘째는 중학교를 마치고 대안학교에 진학했다. 공교육의 입시 준비보다는 다양한 경험을 할 수 있어 선택했다고 한다. 자신이 주도적으로 만들어 가는 프로젝트, 분기별로 자신의 성과를 발표하며 성찰하는 과정, 사회에 공헌하는 봉사활동을 통해 아이는 자신만의 세상을 만들어 나갔다. 원하던 대학에 입학해 본인이 하고 싶은 것들을 테스트하고 알아 가는 중이다.

나는 평범한 가정에 대한 열등감과 부러움이 많았다. 남들이 평범하게 보내는 일상이 없어진 것에 대한 갈망이 컸다. 그 갈망을 다른 시선으로 바라보니 남들이 하지 못하는 일을 해냈고 내 삶에 더욱 집중할 수 있었다는 감사함이 크다. 또한 아픈 남편의 몫까지 살아 내고 싶은 마음도 커 더 열심히 살아온 것도 감사하다.

'만약 남편이 아프지 않았다면 어땠을까' 하고 가끔 생각해 본다. 그냥 아무 생각 없이 흘러가는 대로 살았을 거 같다. 열심히 하지 않아도 나에게 남편이라는 보호막이 있었을 테니까. 남편과 함께 보내는 일상을 내어 준 대신 난 하고 싶은 거 다 할 수 있는 자유를 얻었고 혼자서도 잘 살 수 있는 독립적인 사람이 되었다. 지금 나는 나의 상처를 인정하고, 나를 사랑하는 일에 더욱 관심을 가지고 살아가고 있다.

2-2.
인생 2막을 다시 꿈꾸다

100세 시대라는 이야기를 우린 자주 한다. 나 역시 인생 전반전이 끝나 가는 시점이다. 20년은 부모의 품 안에서 좋든 싫든 보호받으며 내가 언제라도 기댈 수 있는 삶을 살았다. 20대부터는 인생을 주도적으로 산다고 살았는데 가난과 아픔과 고난의 연속이었다. 18년 전부터는 가족을 지켜야겠다는 일념 하나로, 가난에서 벗어나야겠다는 마음 하나로 뒤도 옆도 볼 시간 없이 달려왔다. 주위를 둘러볼 여유도 없었고 나를 돌볼 여유도 없이 살았다. 내가 넘어지면 우리 가정엔 도미노 현상이 일어난다는 강박에 시달려 왔다. 내가 포기하면 남편과 아이들이 벼랑에서 떨어질 수 있다는 두려움이 나를 다시 일으켜 세우고 또 세웠다.

하루도 포기할 수 없는 시간 속에서 강해야 살아남을 수 있다고 늘 되뇌면서 깡과 악으로 살았다. 아들은 "엄만 머리가 좋은 건 아닌데 오로지 깡 하나로 성장 속도가 보이는 사람이야. 다른 사람은 성장 속도가 보이지 않는데 엄만 그 속도가 보여"라고 말한다. 그 말을 들으며 나는 저절로 고개를 끄덕이게 된다.

어느 해 내 생일에 아들이 편지 한 장을 건네주었다. 편지에는 "엄마, 엄마가 어떻게 살아왔는지 말하지 않아도 엄마 고생한 거 다 알아. 세상에서 가장 존경하는 우리 엄마, 그동안 수고 많았어. 앞으로 항상 행복했으면 좋겠어. 사랑해"라고 쓰여 있었다. 이 말 한마디가 그동안 고생한 나의 18년을 모두 날려 버리고도 남을 만큼 위로가 되었다. 그리고 '존경한다'라는 말을 생각하며 아이들에게 존경한다는 말을 들을 수 있는 조건은 무엇일까를 깊이 생각했다.

돌아보니 아이들에게 가난을 물려주고 싶지 않았고 아이들이 꿈을 펼치는 데 가난이 꿈을 방해하지 않도록 해 줘야겠다는 일념으로 달려온 시간이었다. 존경받는 엄마에 대해 생각하면서 '가난을 벗어나는 것만이 전부일까? 내가 아이들 곁을 떠난 후에는 무엇이 남아 있을까?'에 대해 자주 질문했다. 마냥 열심히 살아서 부를 조금 이루었다고 존경받을 수 있는 건 아닐 거라는 생각이 들었다.

아이들은 부모의 뒷모습을 보고 자라난다고 했다. 생활 습관, 생각, 실천력 등 부모의 모습을 공유할 수밖에 없는 가족이기에 서로 닮아 갈 수밖에 없다. 아이들이 성장함에 따라 책임감이 더욱 커지는 걸 느낀다. 나의 뒷모습까지 아이들에게 영향을 미친다는 생각에 한순간도 허

투루 살아갈 수 없는 인생이다. 내 인생이지만 아이들에게 끼치는 영향력까지 생각하면서 살아야 한다.

특별한 능력도 없는 내가 지금껏 살아온 건 기적이었다. 이젠 깡은 가져가되 악은 내려놔야겠다. 인생 전반 동안 너무 애쓰고 수고한 나에게 인생 후반은 선물이 되고 싶다. 이어령 선생님의 『마지막 수업』을 읽으면서 삶에 대한 계획을 다시 세워야 하는 시간이라고 생각했다. 선생님의 삶을 보며, 심지어 돌아가셨는데도 그분의 정신과 마음은 우리에게 영원히 남는다는 사실이 나에게 많은 생각거리를 던져 주었다. 그분과 같은 영향력은 가지지 못할지언정 내 아이들에게 줘야 하는 것이 무엇일까에 대해 깊이 생각한다.

인생 후반은 아이들에게 물려줄 정신적 유산에 좀 더 집중하면서 살아야겠다. 그리고 나와 같은 여성 가장들에게 희망이 되고 싶다. 여성 가장들이 늘어 가는 요즘 그들의 고단한 삶이 헛되지 않음을 격려해 주고 싶다. 그들의 경제적, 정신적 독립을 돕고 싶다. 혼자서 몰래 울던 수많은 시절을 보냈기에 그들의 삶을 이해하고 다독여 주고 싶다.

2-3.
남들과 다름을 인정하라

우리는 누구나 다 다른 각자의 모습으로 살아간다. 반면 세상은 평범이라는 단어로 우리의 삶을 같은 테두리 안에 가두어 놓는다. 유치원 다니고, 초등학교, 중학교, 고등학교를 거쳐 취업하고 결혼하고 아이를 낳고…. 이 과정이 당연하다고 우리는 부모님께 들어 왔고 사회는 우리가 그렇게 살아야 하는 것처럼 분위기를 형성했다. 나 또한 내 삶을 사람들이 규정한 범주 안에서 평가하고 평가받으려 했다. 그러다 보니 내 삶은 비정상적인 가정, 비정상적인 삶이라고 여겼다. 아픈 남편, 여성 가장, 유학과 검정고시를 치르는 아들, 대안학교를 다니는 딸. 나는 언제나 타인으로부터 다른 부류의 사람 취급을 당했다.

여행을 간다는 사람들의 말을 들을 때면 나의 열등감은 깊어졌다. 여행은커녕 생활도 힘든 상황에서 남들은 다 하는데 나만 못하는 것 같은 기분 때문에 힘들었다. 남들은 자연스럽게 한 계단씩 삶의 질이 향상되는데 나 혼자만 내리막을 향하는 기분이 나를 우울하게 만들었다.

비 오는 날 남편의 휠체어를 밀고 가면서 남편이 비를 맞지 않게 우산을 씌워 주느라 나는 비를 흠뻑 맞았다. 그러다가 휠체어가 턱에 걸려 넘어졌다. 지나가는 사람들은 구경만 할 뿐 누구도 선뜻 돕지 않았다. 휠체어를 다시 세우고 넘어진 남편을 휠체어에 앉히느라 우리 둘은 빗속에서 사투를 벌였다. 집으로 돌아오는데 세상에 나만 홀로 서 있는 듯했다. 너무 외롭고 처량해서 한없이 울었다. 보잘것없는 인생인 것 같아 자존감은 바닥을 치고 우울증은 더욱 심해졌다.

그러던 어느 날, 『닉부이치치의 허그』 책을 읽으면서 정신이 번쩍 들었다. 두 팔, 두 다리가 없는데도 주도적으로 자기 삶을 살아가는 닉부이치치. 자신이 할 수 있는 일에 집중하고 즐겨 하는 그의 모습에 충격을 받았다. 닉부이치치에 비하면 난 훨씬 좋은 조건에 놓여 있는데도 불구하고 불평불만을 토로하며 살고 있는 내 모습이 부끄러워 쥐구멍이라도 있으면 숨고 싶었다. 누구나 들여다보면 다른 삶이고 각자의 삶을 인정하고 사는 게 가장 큰 행복이 아닐까.

나에게는 단지 아픈 남편이 있을 뿐 나는 나이다. 환경이 다를 뿐이라는 걸 인정하고 나니 여성 가장이라는 타이틀이 부끄럽지 않았다. 남편의 병은 우리가 선택할 수 없는 영역이라는 걸 받아들였다. 우리의 탓이 아닌 우리에게 일어난 일일 뿐이라는 걸, 그리고 누구에게나 일어날 수 있는 일이라는 걸 알았다. 그동안 '왜 나만'이라는 생각으로 나에게 일어난 일을 인정하고 싶지 않아 나를 스스로 괴롭혔다니. 나에게 일어난 일들을 하나하나 인정해 가기 시작하니 열등감도 무너진 자존감도 조금씩 회복되었다.

"우리는 왜 남들과 같은 삶을 살아야 하는 걸까?"
"왜 세상이 규정지어 준 대로 살아야 할까?"
지금 내 모습이 그냥 나라는 걸 알아야 한다. 세상에 하나밖에 없는 나, 한 번밖에 없는 내 인생을 남들과 비교하면서 망치는 실수를 범하지 않아야 한다.

2-4.
시간을 내 편으로 만들어라

살아가는 목적과 목표가 없을 때 나에게는 회의감과 번 아웃이 자주 찾아왔다. 남들과 비교하는 삶으로 상대적인 박탈감에 시달려 매일 고통스럽게 살았다. 남들은 다 행복해 보이는데 나는 이룬 것도 없고 한없이 불행했다. 불행하게 살지 않으려면 남들처럼 사는 게 아니라 나답게 사는 것임을 조금씩 깨달아 가면서 나는 행복하게 살고 싶었다.

어떻게 하면 나답게 행복할까를 고민하다가 내 안에 있는 욕망을 들여다봤다. 그리고 내가 갖고 싶은 것들을 적어 나갔다. 사회가 요구하는 나의 모습, 주변 사람들이 요구하는 나의 모습, 가족들이 원하는 나의 모습이 아니라 진정 내가 원하는 나의 모습에 대해 오랫동안 고민한 것들을 적었다. 내가 원하는 내 모습은 '온전히 나로 설 수 있는 나'였다. 누군가의 삶을 따라 하며 흉내 내는 것이 아니라 내가 원하는 일을 하며 온전한 내 삶을 사는 것이었다. 그러기 위해서 먼저 가난에서 벗어나야 하고, 나의 꿈, 아이들의 꿈을 펼치기 위해선 돈이 필요했다. 하고 싶은 일들을 하고 사는 데 반드시 돈이 필요하다는 사실을 새삼 깨달았다.

교육과정에서 하는 공부 말고 내가 하고 싶은 일들을 찾아가는 진짜 공부를 하고 싶었다. 아이들 또한 그러기를 원했다. 부자가 부러웠던 건 돈이 많아서가 아니라 자신이 원하는 것들을 경험하고 알아 가는 거였다. 경험이 많아야 인생을 풍요롭게 만들 수 있는 가장 큰 요소라는 사실을 깨닫기 시작하면서 나도 부자가 되고 싶었다.

이런저런 생각들을 계속하면서 가난하든 부유하든 누구에게나 공평한 건 시간뿐이라는 사실을 알았다. 시간을 어떻게 쓰느냐는 오롯이 나의 몫이다. 아무 계획도 없이 살든 계획을 세워 열심히 살든 시간은 똑같이 흐르게 되어 있다. 신이 모든 걸 공평하게 주지 않았으나 시간은 누구에게나 공평하게 줬다는 사실을 왜 모르고 살았을까? 그걸 깨닫는 순간 시간을 어떻게 쓸 수 있을까에 대해 고민했다.

시간을 내 것으로 만들어 나답게 살기로 했다. 돈 관련된 책, 부자에 관련된 책을 읽으면서 책에서 공통으로 말하는 시간 관리를 해 보기로 했다. 먼저 매일 5시에 일어나서 운동하고, 책 읽기를 시작했다. 내가 하는 일은 전문가로서의 공부가 필요한 일이라서 2년 동안 매주 토요일마다 서울로 강의를 들으러 다녔다. 약관 공부, 세금 공부, 가정경제 공부, 법인 공부 등 필요하다고 생각하는 공부는 강의와 책을 통해 열정적으로 공부했다. 부동산투자 공부는 온라인 강의를 들으면서 임장 스터디 모임에 가입해 전국을 돌아다니며 치열하게 공부했다. 우수한 사례를 가진 분들의 이야기를 들을 기회를 찾아다녔다. 주식 또한 강의도 듣고 내가 원하는 방향이 어떤 것인지 무엇을 원하는지부터 파악했다. 배당을 통해 매달 수익을 받을 것인지, 성장하는 주식을 통해 시세 차익을 얻을 것인지, 단기로 투자할 것인지 장기로 투자할 것인지도 공부하면서 내 성향과 맞게 투자하는 것이 가장 장기적인 목표를 이룰 수 있다는 걸 알아 갔다.

나는 아침마다 외쳤다.
"어제보다 나은 오늘, 한 뼘만 성장하자.'
이 목표를 잡은 이유는 주위를 돌아보니 목표에 도달하는 순간 사람들은 다음을 생각하지 않고 멈춰 버렸기 때문이다. 또한 목표를 달성하고 허무해하는 사람들도 있었다. 나는 멈추지 않고 성장하는 걸 목표로 삼았다. 어제보다 성장하기 위해 나는 매일 목표한 바를 이루기 위해 노력했다. 번 아웃이 와도 다시 일어날 힘이 생겼다.

지나간 일에 대한 후회는 되도록 하지 말자고 다짐했다. 지나간 일보다 오늘을 어떻게 헤쳐 나갈지 먼저 생각하며 살았다. 과거에 얽매여서 내가 붙잡히는 순간 현재도 미래도 볼모가 된다. 과거 잘못된 것은 개선할 점만 취하고 흘려보내려고 애쓰고 또 애썼다. 누구에게나 반드시 세월은 흐른다. 그 시간 동안 나는 어떤 습관을 들이고 어떤 공부를 했느냐가 나를 만든다. 지금도 나는 나다운 모습으로 사는 목표를 가지고 철저한 시간 관리를 통해 변화하고 성장하는 중이다.

2-5.
아이들에게 물려줄 유산을 만들어라

아이들에게 가난을 물려주고 싶지 않아서, 가난의 고통을 물려주고 싶지 않아서 숨이 턱에 차올라도 나를 몰아치며 살았다. 아이들이 독립할 때는 어느 정도 도와주고 싶어서 독립 자금을 준비하는 게 아이들에게 줄 수 있는 전부인 것처럼 살아왔다.

책을 읽고 아이들과 대화하며 '과연 아이들에게 돈만 주면 되는 걸까?'라는 의문이 들기 시작했다. 부모보다 더 가난한 세대를 살아가야 한다는 우리 아이들의 세대에게 돈을 기꺼이 줄 수 있는 건 축복이 맞다. 남들보다 더 빨리 독립할 수 있는 여유를 줄 수 있는 것도 맞다. 그럼에도 불구하고 다른 게 있지 않을까? 나는 아이들에게 '뭘 물려주고 싶은가?'에 대해 질문하는 시간이 많아졌다.

인생을 살다 보면 즐거운 일도 있지만 힘들고 괴로운 일이 닥칠 때도 많다. 인생을 돌아보니 힘든 순간에 손잡아 줄 누군가가 있었다면 조금은 덜 힘들진 않았을까에 생각이 미치자, 내가 아이들에게 그런 존재가 되고 싶었다. 힘든 순간 어디에도 기댈 곳이 없을 때 찾아올 수 있는 마지막 보루가 나이기를 바란다. 내 삶의 뒷모습을 보며 열심히 사는 삶의 태도를 물려주길 원한다. 또한 나는 아이들에게 고비가 찾아왔을 때 아이들이 사건을 정확하게 바라보고 해결 방법을 찾아내는 지혜로운 사람이 되길 원한다.

경제 공부도 필수 요건임을 알려 줘야 한다. 학교에서는 배우지 않지만 우리는 살아가면서 평생을 돈 벌고, 모으고, 소비하며 산다. 돈의 개념을 이해하고 잘 쓸 줄 알아야만 자본주의 사회를 살아갈 수 있다. 돈을 잘 알아야 아이들이 자기 삶을 지킬 수 있는 세상임을 알게 해야 한다. 영원히 부모 품에서 살 수 없고 각자의 독립체로 살아갈 아이들이 스스로 살아갈 수 있도록 도와야 한다.

요즘 아이들과 책 구독 서비스를 공유하면서 각자의 책장을 만들어 책을 담아 놓는다. 가끔 아이들이 담아 놓은 책을 읽어 보며 아이들의 관심 분야도 알게 된다. 내 책장에는 아이들에게 알려 주고 싶은 책들을 담아 두고 읽어 보라고 권하기도 한다. 서로의 관심사도 공유하면서 공통분모를 넓혀 가는 중이다. 험난한 세상에서 풍파는 아이들이 겪어 내고 감당해야 하는 일이다. 여러 일들을 겪으면서 어려워도 다시 힘낼 수 있는 회복력과 인내를 물려주고 싶다. 책을 통해 세상 사는 지혜를 배울 수 있도록 같이 읽고 공유할 수 있는 부모가 되려고 애쓰는 중이다.

더불어 진정한 부란 무엇일까에 대해 생각한다. 진정한 부를 이루기 위해서는 먼저 건강한 자아와 신체가 있어야 한다. 건강한 자아는 다른 사람과 비교하지 않고 자신을 사랑하면서 살아가는 것이다. 또한 자신이 하고 싶은 것들이 무엇인지 항상 질문하고 자기의 길을 한 걸음씩 내디뎌 가는 사람이 되기 위해 부단히 고민하고 사색해야 한다.

둘째, 내가 원하는 걸 할 수 있는 돈이 있어야 한다. 물질 없이는 내가 이루어 낼 수 있는 것에 한계가 있다. 아파도 제대로 치료를 받을 수 없고, 쉼을 위한 여행도 갈 수 없고, 배우고 싶은 게 있어도 배울 수 없다. 한 단계 업그레이드된 인간이 되기 위한 성장에는 돈이라는 요소가 꼭 필요하다는 걸 나는 절실히 느꼈다. 돈에 매여 아무것도 할 수 없는 경우를 많이 경험했고 먹고사는 문제가 해결되지 않고는 성장이란 결코 이루어질 수 없다는 걸 뼈저리게 느껴봤다.

셋째는 끊임없는 성장이다. 어제보다 나은 오늘을 꿈꾸고 행동하는 자만이 자신을 지킬 수 있다. 세상에 많은 이야기 말고 내가 만들어 가는 내 이야기를 그려 내야 한다. 지금 아무것도 하지 않고 있는 건 과거 상태로 살아가는 행위다. 끊임없이 업그레이드하며 현재를 살아야 한다. 진정한 부는 오로지 나로부터임을 잊지 않고 아이들에게 물려줄 유산을 하나씩 만들어 가고 있다.

2-6.
가족의 사랑을 알아야 진짜 부자다

나의 어머니.

나는 딸 셋 중 첫째 딸이다. 어머니는 나를 아들처럼 키우고 싶어 했다. 아들 없는 집에서 맏딸의 숙명 같은 거였다. 중학교 때까지 전교 10등 안의 성적이었기에 어머니의 기대는 더욱 컸다. 우리 부모님 세대는 공부하고 싶어도 할 수 없는 환경이었다. 당신들이 하지 못한 일을 자식들이 이루어 주길 기대하는 세대이기도 했다. 부모님의 바람은 당연히 자식들의 몫으로 다가왔다. 그 기대에 일조하기 위해 나는 열심히 공부했고 항상 상위권 성적을 유지했다.

그런데 내가 고등학교에 입학할 무렵, 가구 공장을 운영하시던 아버지의 사업이 부도났다. 잘못된 보증으로 인해 우리 집의 평범한 삶은 산산조각 나 버렸다. 빚쟁이들이 집을 찾아와 돈 달라고 소리를 지르면서 전쟁 같은 날들이었다. 아버지는 빚쟁이들을 감당하기 힘들어 잠시 집을 떠나 있기로 했다.

살던 집을 정리하고 공장도 정리하면서 우린 바닷가 옆 2층 주택에서 월세를 살았다. 어머니는 김밥집에서 아르바이트로 생계를 꾸려 가며 우리를 지켜 내려고 안간힘을 썼다. 그러던 어느 날, 어머니는 딸 셋을 불러 놓고 같이 죽자고 말했다. 동생들은 엄마가 죽으면 같이 죽는다고 했고, 나는 좋은 세상에 왜 죽냐고 따지고 물었다. 어머니는 가끔 그날을 회상하면서 그때 내 말 때문에 우리 가족은 죽지 않고 다시 힘을 내서 살아 낼 수 있었다고 말씀하신다.

사춘기였던 난 방황하기 시작했다. 성적도 점점 떨어졌고 우울한 집안 분위기가 싫어 고등학교를 졸업하면서 집을 떠나고 싶었다. 대학에 입학하면서 집을 떠났고, 고생하는 어머니를 보면서 다시 마음을 다잡고 4년간 아르바이트를 했다. 내 생활비는 스스로 해결하기 위해 과외며 할 수 있는 아르바이트는 다 했다.

어머니는 작은 분식점을 운영하면서 우리 자매를 대학교까지 공부시켰다. 어떻게든 우리를 지키겠다는 강한 모성으로 당신 몸이 부서지는 줄도 모르고 일하셨다. 이젠 늙고 아픈 몸만 남은 어머니를 볼 때마다 마음이 시리다. 당신의 행복과 당신의 모든 에너지를 우리에게 모두 쏟아붓느라 껍데기만 남아 버린 어머니. 지금이라도 내가 해 드릴 수 있는 건 다 해 드리고 싶다. 어머니의 희생과 사랑을 보고 자라서 나 또한 지금 우리 아이들을 지키고 살아가고 있노라고 감사한 마음을 전

한다.

두 아이.

세상에서 가장 잘한 일을 꼽으라고 하면 두 아이를 선물로 받은 거다. 아이들이 신생아일 때는 엄마가 뭔지도 모르고 시작한 육아에 하루하루가 버거웠다. 아이들이 이쁘다는 생각도 할 틈이 없었다. 매일 전쟁 같았고 잠도 잘 수 없어 힘들었다. 아이들이 말을 시작하고 한참 엄마 아빠를 쫓아다니던 시기에 우리 아이들은 너무 큰 시련을 맞았다.

몇 년간 쉴 새 없이 입원하는 아빠와 엄마의 부재를 경험했고, 다른 집을 전전하며 돌아오지 않는 엄마, 아빠를 기다리며 불안한 밤을 보내야 했다. 투정 부릴 사람도 없이 스스로 클 수밖에 없는 환경에서 살았다. 다른 집의 평범함을 경험하지 못한 아이들에게 늘 미안한 마음이다.

내가 삶을 포기하고 싶은 순간에도 내 옆에서 밝은 웃음으로 나를 맞이해 줬던 아이들의 모습이 생각난다. 그 순간 다시 살고 싶어졌고 이 아이들을 지켜 내면서 살아가는 게 나의 가장 중요한 목표였다. 먹고 싶은 거 못 먹고, 입고 싶은 거 못 입고, 가고 싶은 곳에 갈 수 없는 고통은 겪지 않게 해 주리라 다짐했다.

나는 아이들에게 "너희는 남들처럼 평범한 가정이 없지만 이 가정이 가장 큰 스펙이 될 거야. 남이 겪지 않은 상황을 많이 겪었고, 이겨 냈고, 힘든 게 뭔지 이미 몸으로 마음으로 체득했잖아. 너희는 이미 어떤 상황도 다 이겨 낼 준비가 되어 있어"라고 늘 말한다. 더불어 나는 아이들에게 알뜰살뜰 좋은 엄마가 되어 주진 못하더라도 항상 아이들 뒤에서 버팀목이 되어 주고 싶다. 세상에서 가장 힘든 순간이 와도 기댈 수 있는 마지막 한 사람이 될 것이다.

요즘 나는 성인이 된 아이들에게서 위로받을 때가 많다. 이야기를 나누다 보면 "지금껏 충분히 수고했고 최선을 다해 준 거 알아. 이제 엄마 인생 살아도 돼. 하고 싶은 거 다 하면서 살아. 엄만 그럴 자격이 있는 사람이니까"라는 말을 자주 한다. 아이들이 나를 한 사람의 인격체로 존중해 주고, 같은 길을 걸어가는 동반자로 생각해 주는 것 같아 가슴 찡하고 벅차다.

아이들과 나는 길고 긴 터널 안에서 어둠의 공포도 같이 느꼈고 터널을 지나 작은 빛의 소중함이 어떤 것인지를 같이 느낀 공동체다. 나를 나답게 만드는 힘이기도 하다. 그 어려운 상황에서도 유머를 잃지 않는 사람이 되자고 이야기하는 아이들과 나여서 감사하다.

2-7.
진짜 부자는 몸과 정신이 건강하다

　스무 살부터 만나 온 남편은 감기 한 번 앓지 않을 정도로 건강했다. 직장 생활을 하면서 피곤하다는 말은 늘 달고 살았지만, 나는 직장 생활하는 사람이면 누구나 피곤하다며 대수롭지 않게 넘겼다. 어느 날 남편은 사물이 두 개로 보인다고 병원에 갔다. 신경외과, 안과 검사를 했고 별 이상이 없다는 결과를 들었다. 스트레스 때문인 것 같다는 의사에게 약을 처방받고 집으로 돌아왔다. 며칠 뒤 약 때문인지 복시현상은 사라지고 다시 일상을 해 나갔다.

　그런데 얼마 지나지 않아 주변 사람들로부터 발음이 가끔 술 먹은 사람 같다며 일 좀 줄이고 운동하라는 충고를 들었다. 완벽주의 성향이 있는 남편은 남들보다 일찍 출근해서 늦게까지 일하는 사람이라 남편을 아는 사람들은 일을 줄이면 다 해결될 것처럼 얘기했고 나도 스트레스 받지 말라며 웃어넘겼다. 그즈음 직장 건강검진을 받았고 역시 아무런 이상이 없다는 결과를 받았다. 그냥 일이 많고 완벽한 성향이라서 남들보다 스트레스를 많이 받는다고 생각해 일 좀 줄이고 운동하자고 이야기하고 지나쳤다.

건강검진을 받은 후에도 남편은 계단 걷는 게 힘들다며 다시 병원을 가야겠다고 말했다. 반차를 내고 대학병원에 다녀온다는 전화를 받고 잘 갔다 오라고 말은 했으나 나는 속으로 건강 염려증이라고 투덜거렸다. 1시간 뒤 남편은 의사가 입원해서 검사를 하자고 한다며 입원을 알려 왔다. '입원까지 하면서 검사를 해야 하는 건가?' 갑자기 마음이 심란해졌다. 입원에 필요한 물건을 준비해서 병원에 갔더니 남편은 이미 입원이 큰 선고인 것처럼 망연자실한 표정을 하고 있었다.

남편의 병명은 다발성경화증으로 희귀 난치병이다. 희귀 난치병이라 고칠 수 없다는 말은 남편이 모든 걸 포기하게 만든 단어가 되었다. 매일 해야 하는 운동도 포기하고 죽을 날을 기다리는 사람처럼 무기력하게 세월을 보냈다. 무엇이든 해 볼 수 있다는 용기를 내는 것에 대한 두려움, 건강할 때 잘나가던 자신에 대한 그리움으로 과거를 내려놓지 못했다. 자신을 돌보지 않아서 남편의 증세는 더욱 악화됐고 지금은 온몸의 근육이 없어 병원 침대에서 혼자서는 일어나지도 못한다. 먹는 일도 생리현상을 처리하는 일도 요양보호사의 손이 없으면 해결할 수 없는 상태가 되었다.

다발성경화증 환우 중에는 남편과 같은 시기에 비슷한 증상이었어도 여전히 일상생활을 하며 간단한 일을 하는 사람들도 있다. 그 사람들 이야기를 들어 보면 병이 생긴 건 어쩔 수 없는 거라고 인정하는 게 가장 중요하다고 말한다. 병을 잘 다스려 가며 함께 가는 친구라고 생각하고 병과 좋은 관계를 맺으며 살아간다고 한다. 건강한 정신에 건강한 몸이 따라오는 거니 긍정적으로 생각하고 일상을 유지하려고 노력한다고. 또한 오랜 기간 투병하면서 무너질 때도 많지만 다시 일어나 살아야 하는 이유를 되뇐다고 한다.

　한 사람의 인생이 무너지는 모습을 보면서 나는 정신건강이 얼마나 중요한지를 다시 깨닫는다. 네 식구가 같이 식탁에 앉아 일상적인 이야기를 하며 식사하는 것도 이젠 이루어질 수 없는 일이 되어 버렸다. 우리가 별거 아니라고 생각하는 일상이 누구에겐 감히 상상도 하지 못하는 일상이라는 사실을, 건강을 잃고 나서야 다시는 돌이킬 수 없는 일임을 알게 되는 것이 인간이라는 생각이 들어 서글펐다.

　나 역시 갑상선암과 만성 피부질환인 건선으로 투병 중이다. 아픈 남편 대신 가정을 책임지는 내가 아프다고 하면 우리 가족의 불안은 증폭한다. 조금만 피곤해해도, 피부발진이 심해지는 날엔 아이들의 얼굴빛이 좋지 않다. 건강을 잃는 것이 얼마나 두려운 일인지 우리 가족은 몸소 체험하면서 건강염려증이 생겼다. 조그마한 변화에도 병원 가서 검사하고 이상 없다는 소리를 들어야 안심한다. 아이들이 우리 부부를 닮아 가는 게 속상하고 미안하다. 하지만 건강에 둔한 것보다 민감할 필요가 있다며 나를 애써 위로한다.

우리는 몸도 정신도 건강해야 한다. 육체적인 건강이 없다면 아무리 가진 것이 많아도 소용없다. 육체적인 건강뿐 아니라 정신적인 건강에도 신경 써야 한다. 조울증, 우울증으로 피폐한 사람이 많아지고 있다. 그래서 나는 무조건 긍정적인 상황을 맞이할 수 있다고, 할 수 없다가 아니라 무조건 할 수 있다고 생각하며 산다. 긍정적인 말 한마디가 얼마나 큰 에너지가 되는지를 경험하며 살아간다.

나는 아프면 어떤 것도 내 것이 아니라는 걸 뼈저리게 느끼며 살았다. 경제적 자유를 누린다는 것은 돈만 많은 것이 아니라 건강한 몸, 건강한 정신이 전제되어야 가능하다.

3장

모든 부자는
전문가다

3-1.
한 분야의 전문가가 되어라

보험설계사가 되면서 나는 갑상선암을 발견했고, 보험금으로 4천만 원이라는 돈을 손에 쥐게 됐다. 지금 생각하면 어이없어 웃음이 나지만 그 당시 4천만 원이라는 돈은 우리 집의 구세주처럼 느껴졌다. 이를 계기로 자산과 부채가 무엇인지도 몰랐던 나는 자산 관리 전문가의 길로 접어들었다. 자산은커녕 부채만 남은 인생이라는 절망감이 들었으나 돈 공부를 하겠다는 마음이 컸다. 매달 10~20권의 책을 읽으면서 부와 투자에 대한 생각들을 정리하며 공부해 나갔다. 책에는 '자산은 자산대로 늘려 가고 부채는 부채대로 갚아야 한다'라고 적혀 있었다. 나는 이 말을 되새김질하면서 돈을 모으기 시작했다.

적금을 할 수 없는 상황이었지만 일단 1만 원으로 시작했다. '풍차돌리기 적금'이 유행하던 시절이라 매달 적금을 들었다. 12개월마다 풍차가 돌아가듯 적금 만기가 돌아와 목돈을 손에 쥘 수 있었다. 만기라는 단어가 내 인생엔 없는 줄 알았는데 적금 만기가 되어 통장에 돈이 들어오는 순간의 희열은 지금도 잊을 수가 없다. 작은 성취를 이루고 나니 또 다른 성취감을 느끼고 싶었다. '저축만으로는 부자가 될 수 없다'라는 책 내용을 머릿속에 넣고 일단 종잣돈을 모으는 게 먼저라는 생각으로 단기 저축의 계좌를 늘려 갔다. 점차 저축 액수도 올려 수입의 50퍼센트를 저축했다. 저축 액수와 통장 개수가 늘어나도 버는 돈이 적으면 아무리 50퍼센트를 저축하더라도 큰돈이 되지 않아 답답했다.

내가 하는 일에 전문가가 되어야 돈을 많이 벌 수 있겠다는 생각으로 매일 밤 10~11시까지 일했다. 보험이라는 새로운 분야에서 용어와 상품, 약관을 제대로 이해해야 일을 오래 할 수 있다는 절박한 심정이었다. '지인 영업은 절대 하지 않겠다'라는 마음을 먹고 시작한 일이었기에 그만둔 선배들의 기존 계약을 관리하면서 보험금 청구부터 배웠다.

고객의 불편을 해결해 주다 보니 점점 보험 지식이 생겼다. 보험금을 청구하고 보험금이 제대로 나왔는지 아닌지도 모르는 고객들에게 정보를 전달하고 도왔다. 고객이 궁금한 게 있다고 하면 무조건 달려갔다. 1년에 4~5만 킬로미터를 택시 수준으로 달리면서 고객을 만나기 위해 전국을 누볐다. 고객 관리에 진심으로 임하자, 고객들은 점점 나에게 마음을 열어 주었다. 고객의 필요를 알고 고객의 말을 들어 주는 일이 가장 큰 일이라는 걸 알았기에 내 상품을 팔지 않고 그들의 이야기에 집중했다. 필요한 게 무엇인지 묻고 또 물으며 그 부분을 충족시켜 주었고, 질문만이 살길이라는 것도 알게 되었다. 주행 거리가 느는 만큼 고객도 늘어났고 수입 또한 기하급수적으로 늘어나기 시작했다. 그렇게 해서 나는 2년 만에 2천만 원이라는 종잣돈을 모았다.

아는 만큼 보인다고 공부만이 살길이라는 마음으로 상품 분석이나 약관 분석 강의가 있는 곳은 어디든 찾아가 배웠다. 매일 밤 벼랑 끝에서 떨어지는 꿈이 나를 누르고 불안감이 극에 달했지만, 그 불안감을 이겨 내기 위해 오늘이 마지막 날인 것처럼 살았다. 벼랑 끝에 선 내가 한 발만 더 나아가면 나락으로 떨어지는 곳이라고 나는 늘 벼랑의 한쪽 면만 바라보며 살았다. 그렇게 일을 시작한 지 3년 만에 나는 억대 연봉자가 되었고, 저축할 수 있는 여력이 그만큼 많아졌다.

3년을 밤낮없이 공부하고 고객을 만나다 보니 나는 어느새 보험뿐 아니라 자산 관리까지 상담할 수 있는 전문가가 되어 있었다. 자기 분야에 대한 '공부만이 살길'이다. 전문가가 되어야 한다는 걸 몸으로 배우며 벼랑 끝의 의미를 뒤집어 볼 여유도 생겼다.

'사람은 벼랑 끝에서 날아오를 수 있고, 벼랑 끝은 또 다른 시작점이다.'

3-2.
자산과 부채를 점검하라

　돈을 모으고 싶다면 현재 자신의 자산과 부채를 정확히 파악해야 한다. 재정상담을 하다 보면 다수의 사람은 돈이 없다고만 한다. 남들과 비교하니 본인이 가진 건 작아 보이고 없다는 생각이 들 수밖에 없다. 남들보다 돈이 없으니 막연하게 그냥 부자가 되고 싶다는 생각만 한다. 부러워할 뿐 본인들의 자산과 부채를 들여다볼 생각을 하지 않는다.

　자산과 부채를 점검하고 본인이 어떤 목표가 있는지를 알아야 계획을 세울 수 있다. 우리는 어린 시절 학교에서든 부모에게서든 빚이 있는 건 큰일 나는 일처럼 배웠다. 그래서 경제 공부를 하지 않고 돈을 벌 줄만 안다. 번 돈을 어떻게 쓰고 투자해야 하는지에 대한 인식이 부족하다.

　부채는 무조건 안 좋다는 생각이 돈에 대한 가장 큰 인식 부족이다. 부채에도 좋은 것과 나쁜 것이 있다. 좋은 빚은 나에게 이득을 가져다

주는 빚이다. 부동산 투자하는 데 빚이 지렛대 효과를 가져다주고 시세 차익까지 가져다줄 수 있다면 그건 좋은 빚이다. 소비를 위한 빚, 자산 가치가 올라가지 않는 빚은 나쁜 빚이다. 자동차 구매를 위한 대출이 가장 좋은 예이다. 차는 사는 순간부터 자산 가치가 내려가는 상품이다.

자산에도 여러 가지 종류가 있다. 부동산, 예금과 적금, 주식, 펀드, 연금 등의 자산이 있다. 우리는 자본주의 사회에서 살아가고 있다. 자본주의에 맞는 자산으로 미래의 가치를 준비해야 한다. 예금과 적금의 경우 저금리 시대를 살아가는 현대에는 오히려 가치가 하락하는 자산에 속한다. 미래에 가치가 떨어지는 자산 중 하나지만 예금과 적금은 종잣돈을 모으는 과정에서 꼭 필요함을 잊지 말자.

고객 중 한 분은 어릴 때부터 힘들게 살아서 잘 살고 싶었다고 했다. 직장 생활을 시작하면서부터 월급의 절반은 반드시 저축했단다. 20년간 먹고 싶은 거 안 먹고, 여행도 다니지 못했단다. 그래도 돈이 쌓여가는 기쁨에 불편함을 참을 수 있었다고 한다. 상담을 진행하면서 이분은 눈물을 흘리며 후회했다. 20년간 모아 온 돈이 가치가 하락했다는 사실을 최근에서야 알았기 때문이다. 본인은 4억 원을 모으는 데 20년이란 세월이 걸렸는데 부동산에 투자하고 주식 투자를 한 사람들은 10배, 20배 이상의 자산이 있다는 걸 알게 되었단다. 돈이 좀 모여서 좋은 집으로 이사하려고 했더니 자신이 가고 싶은 곳은 그 돈으로는 도저히 엄두를 낼 수 없는 가격대가 되었다고 한다. 현금 4억 원이 이렇게 가치가 없을 줄 몰랐다며 후회했다. 20평대 집에서 옮기지도 못하고 오래된 아파트에서 살아가는데 남들은 좋은 아파트에 전원주택을 소유하고 있다고 속상해했다.

왜 이런 사태가 발생했을까? 자본주의를 이해하지 못한 결과이다. 자본주의의 인플레이션을 이해하지 못했기 때문에 현금만이 자산이라고 생각하고 모았던 게 문제였다. 예전처럼 고금리 시대라면 저축 금액에서 나오는 이자만으로도 노후 생활이 가능하다. 그러나 지금은 저금리 시대로 묻어 둔 돈의 가치가 점점 떨어지는 자산이 된다. 어릴 때 2천 원 하던 짜장면의 가격이 8천 원 정도로 올랐다. 백 원 하던 과자도 2천 원 정도다. 물가는 올라갈 수밖에 없고, 인플레이션이 없는 자본주의는 망한다. 그렇다고 돈을 계속 찍어 낼 수는 없다. 자본주의의 구조만 잘 파악하더라도 자산의 구조를 어떻게 구성해 가야 하는지에 대해 도움이 된다. 지금 당장 자신의 자산과 부채를 점검하라.

3-3.
보험은 자산인가? 소비인가?

보험설계사로 13년 동안 일하면서 많은 사람을 만나고 컨설팅했다. 대부분의 고객은 보험에 대해 좋지 않게 인식하고, 보험설계사에 대한 불신이 있었다. 왜 그럴까? 잠시 생각해 보자.

보험 영업을 시작하면 설계사들은 실적이 필요하다. 그래야 수입을 창출할 수 있으니까. 실적을 위해 당장 찾아가는 사람이 지인이다. 설계사가 상품을 이해한 상태에서 고객이 필요한 상품이 무엇인지가 선행되어야 하는데 초보 설계사는 상품 이해도 부족하고 상품 구성도 제대로 하지 못한 상태에서 판매만 한다. 고객은 하나 들어 준다는 생각으로 보험에 가입한다. 그리고 오래지 않아 설계사는 그만두는 경우가 많다. 이 악순환이 반복되다 보니 본인이 가입한 보험의 내용이 뭔지도 모른 채 가입하고 막상 아파서 병원을 갔는데 보상이 안 된다는 소식에 고객들은 분노한다. 본인은 보험에 가입하고 매달 돈을 많이 냈는데 보상받으려니 받을 게 없다니 보험회사는 악의 축처럼 인식된다.

보험의 순기능은 사라지고 보험에 대한 나쁜 기억들만 남는다. 손해 보고 해지하고 불안해서 또 가입하고 계속 보험이라는 굴레를 벗어나지 못한다.

보험이 과연 필요한지 필요 없는지를 묻는 분들이 많다. 보험의 필요성에 앞서 보험으로 무엇을 해야 할지 생각해야 한다. 만약 보험으로 돈을 모으려면 집 다음으로 큰돈을 납부해야 한다는 사실부터 자각하자. 지인이 하나 가입해 달라고 해서 가입하고, 본인이 어떤 상품에 가입했는지도 모른 채 돈을 내고 있다면 그냥 길에 돈을 뿌리고 다니는 격이다. 보상 부분도 본인이 선택한 특약이나 담보가 어디에 해당하는지 확인해야 하는데 모든 질병이 다 보상되는 것처럼 착각하면 안 된다.

내가 가입하는 보험은 내가 알아야 한다. 나에게 필요한 특약들을 선택해서 가입해야 한다. 매일 보험상품이 쏟아져 나온다. 서로가 좋다고 상품 교육을 한다. 세상에 안 좋은 보험은 없다. 하지만 나에게 맞는지 안 맞는지가 중요하다. 그리고 보험의 순기능을 알아야 한다. 돈이 많은 사람은 아플 때 보상해 주는 보험이 필요 없다. 가진 돈으로 해결하면 된다. 하지만 가진 돈이 많지 않은 사람은 내가 원하는 목표를 향해 가다가 큰 질병에 걸려 잠시 쉬어야 한다거나 예기치 못한 사태를 대비해야 한다. 이것이 보험이다.

우리 집도 가장인 남편의 질병으로 인해 가정이 무너질 위기에 처할 정도로 경제적 손실이 큰 상황이었다. 가족이 한 집에서 살 수 없을 정도의 경제적 어려움이 닥쳤을 때 가입한 보험이 없었다면 어떻게 되었을까? 엄청난 병원비가 해결되지 않았다면 지금 우리 가족은 뿔뿔이 흩어질 수밖에 없는 상황이 되었을 거다. 나 또한 갑상선암으로 2주간의 휴식이 필요한 시점에 보험은 나에게 쉴 수 있는 여력을 선사해 주었다. 가진 것 하나 없는 상태에서 보험은 우리 가족을 살게 했고, 나는 보험의 귀중함을 알게 되었다.

그렇다면, 보험에 가입할 때는 어떤 걸 가입해야 할까? 나중에 돌려받는 보험에 가입해야 할까, 순수보장형 상품에 가입해야 할까? 내가 생각하는 답은 순수보장형에 가입하는 것이다. 30년, 40년 뒤에 납부 금액을 돌려받으면 자산 가치가 없다. 순수보장형 상품에 가입할 때는 병에 걸릴 확률이 높은 순으로, 내 유전적 요인을 고려해서 가입해야 한다.

갱신형과 비갱신형을 묻는 분들도 많다. 그건 자신의 상황에 따라 다르다. 지금은 보험이 필요하지만 자산 상태가 달라지면서 없어도 되는 보험들이 있고, 자산 상태가 좋아져도 꼭 필요한 보험이 무엇인지 파악해서 가입하면 된다.

각자의 상황을 고려한 자기만의 보험을 구성하라. 본인이 이해하고 스스로 선택하길 당부한다. 또한 내 돈 들여 매달 납부하는 금액인 만큼 신중하게 선택해야 하는 상품임을 잊지 말아야 한다. 건강과 보험은 집을 지을 때 기초 다지기라 생각하고 지금 나에게 필요한 상품과 나중에 필요한 상품을 선택할 수 있어야 한다. 내가 13년간 보험설계사로 일하면서 느낀 것은 사람들이 자신의 돈에 관심이 더 많이 가져야 한다는 것이다.

3-4.
소비 습관 점검으로 돈의 로드맵을 작성하라

나는 여성 가장으로서 일했다. 경제적 자유를 이제 조금씩 누려 가는 삶을 살고 있다. 많은 상담자와 고객들을 만나면서 같이 웃고 울면서 성장해 왔다. 기억에 남는 상담 사례들을 소개하려고 한다. 상담사례를 통해 돈의 로드맵을 만드는 데 도움이 되길 바란다.

47세 연구원이자 워킹맘인 A씨는 어려서부터 공부도 잘하고 흔히 말하는 엘리트 코스를 밟았다. 대학교, 대학원 박사과정까지 마치고 대기업 연구원으로 일하고 있다. 그녀는 과장까지 승진하는 동안 엘리트 그룹에 속한다는 자부심이 컸다. 그녀에게는 연구하며 느끼는 성취와 그 그룹 속에서 이야기 나누는 세상이 전부였다. 이혼 후 두 아이를 키우면서도 급여가 많아서 빚질 일 없이 만족한 생활을 했다.

그녀는 아이들에게 보다 나은 교육 환경을 제공하고자 이사를 준비하는 과정에서 큰 충격을 받았다. 현재 살고 있는 집 가격에 조금만 더

하면 되겠지 생각했는데 막상 집을 구하려니 대출을 받아도 갈 수 있는 곳이 거의 없었다. 자가에서 거주하다 보니 집값이 얼마인지 관심이 없었고 세상이 어떻게 변화되고 있는지 몰랐다며 그녀는 펑펑 울었다. 적지 않은 나이이고 지금 하는 일 외에는 아는 것도 없다는 사실에 '지금껏 난 뭘 하고 살았지? 왜 세상 돌아가는 일에 관심을 가지지 않고 살았지?'라며 자책했다.

실제로 그녀는 안정적이고 꽤 높은 급여 소득에도 불구하고 생활 유지비용으로 많은 지출을 하면서 저축액이 거의 없는 상태였다. 다만 그녀는 연금으로 안정적인 미래를 꿈꿔 왔고, 아이들의 교육만 마치면 그 이후엔 각자 알아서 생활하도록 하겠다고 생각하고 있었다. 나와 상담하면서 그녀는 현재 소비 품목과 지출을 정리하고 지금부터 어떻게 살 것인지에 대해 계획을 세웠다.

A씨의 문제는 무엇이었을까? 현실에 대한 자각 부족이다. 나는 그녀에게 가장 먼저 현재 상태를 유지할 때 자산 증식은커녕 연금 외에는 아무것도 없다는 사실을 인지시켰다. 현상 유지는 가능하나 큰 사건이 발생할 때 위기에 처할 수 있다는 사실을 알도록 했다.

보험 또한 소득 대비 사망에만 집중되어 있어 균형이 맞지 않는 구조였다. 싱글맘이다 보니 혹시나 본인의 부재가 아이들에게 큰 타격을 줄 수 있다는 생각에 가입하고 또 가입했다. 보험이 수입의 20퍼센트를 넘었다. 가장의 부재는 가정에 위기를 초래할 수 있다. 그래서 종신보험이 아니라 아이들이 엄마의 품에서 독립하는 시기까지만 보장해 주는 정기보험으로 변경했다. 질병으로 현재 하는 일이 중단될 때를 대비해 보장 위주로 가입하고, 나머지는 종잣돈을 마련하기로 했다. 보험을 재설계하고 나니 한 달에 1백만 원이라는 여유 금액이 생겼고, 기존 보험을 정리하면서 환급금으로 3천만 원을 받아 종잣돈이 생겼다.

두 번째는 과도하게 지출되는 아이들의 학원비였다. 아이들과 회의를 통해 지금 해야 할 것과 하지 않아도 될 것을 구분해 학원을 반으로 줄였다. 이 과정은 아이들 의견을 존중해 주고 스스로 선택하고 결정하면서 책임을 알게 하는 기회였다. 줄어든 아이들 교육비는 아이들 이름으로 증권 계좌를 개설하고 매달 미국 주식을 매수하도록 했다. 아이들이 매수하고 싶은 주식에 대해 이유를 듣고 합당하다고 판단하면 매수하는 방식으로 줄어든 학원비를 운영하고 있다.

세 번째는 쓸데없는 소비가 많다는 것을 알게 했다. 고정비용과 비정기적인 비용을 적고, 한 달 동안 수기 가계부를 통해 본인의 소비 상태를 직접 체험하도록 했다. 한 달 뒤 가계부를 본 A씨는 쓸데없이 사서 버린 식자재비, 잦은 외식비, 입지도 않고 서랍 속에서 잠자고 있는 의

류비에 소스라치게 놀랐다. 한 달 동안 쓴 가계부를 점검하면서 쓰지 않아도 되는 소비를 점검하고 다시 한 달 동안 가계부를 쓰도록 했다. 한 달 뒤 생활비의 50만 원이 또 줄었다. A씨는 힘들이지 않고 더 모을 수 있다는 기대감에 행복해했다. 가계부를 쓰면서 어떤 걸 더 줄여 볼까라는 즐거움이 생겼다고 했다. 재정상담을 통해 A씨 가족은 매달 2백만 원을 저축하고 있다.

네 번째는 경제교육이었다. A씨 가족은 경제교육이 절대적으로 필요했다. '부자 아빠 가난한 아빠'에 나오는 캐시플로 게임을 통해 A씨와 아이들에게 저축만으로는 부자가 될 수 없다는 걸 체험하도록 했다. 아이들은 종잣돈을 모아 투자하면서 현금 흐름을 아는 교훈을 얻었다고 했다.

재정상담을 통해 생긴 3천만 원의 종잣돈은 저평가된 작은 아파트를 구매해 시세 차익으로 더 큰 종잣돈을 모으기로 결정했다. 청약저축을 하면서 청약 주택 신청에도 도전하기로 했다. 현재 연구원 엄마는 돈 공부 중이다. 막막하기만 했던 미래, 답답하기만 한 현실을 소비 습관을 점검하는 로드맵을 만들어 줌으로써 한 가정이 꿈을 꾸며 하나하나 만들어 가고 있다.

3-5.
큰 사고에 대비하는 로드맵을 만들어라

52세 여성 B씨는 화물차를 운전하는 53세 남편과 20세 대학생 아들, 18세 고등학생 딸과 부족함 없이 살아가는 사람이었다. 남편의 수입이 1천만 원 정도로 은퇴하면 살 작은 시골집과 텃밭까지 있었다. 보험과 연금, 목돈 마련까지 착실하게 준비한 전업주부였다.

B씨의 남편은 화물차 한 대를 더 사서 임대료를 받아 부수입을 창출했고, 임대 기간이 끝나면서 화물차를 팔아 1억 원의 목돈을 손에 쥐었다. 나는 다시 부수입을 만들 수 있는 작은 아파트를 구매해 임대 소득을 받으면 좋겠다고 권했다. 그러나 B씨는 주위에 목돈을 투자하면 매주 5퍼센트 이율을 주는 투자처가 있다며 적은 금액을 투자해 보겠다고 했다. B씨는 매주 투자금 이자를 받는 재미가 쏠쏠하다고 자랑했다.

나는 내심 불안해서 그 투자처에 대해 나름대로 알아보고 유사수신 행위로 다단계 같다는 정보를 제공했다. B씨는 그런 회사와는 달라서 괜찮다며 내 말을 듣지 않았다. 몇 달 뒤 B씨는 아무리 봐도 그렇게 이자를 잘 주는 곳이 없다며 화물차 판 돈과 연금까지 목돈을 투자했다. 그녀는 오랫동안 화물차를 운전하느라 무릎 아픈 남편이 빨리 은퇴하는 걸 도와줄 수 있게 됐다고 즐거워했다. 나는 다시 잘 생각해 보라고 말씀드렸지만 내 의견은 받아들여지지 않았다.

3개월 후 걱정하던 일이 터지고 말았다. 금융 다단계로 텔레비전 뉴스에도 나오고 대표는 구속되었으며 투자자들은 소송을 시작한다는 소식이었다. 걱정이 되어 전화를 걸었더니 울며불며 어떡하냐고 하소연했다. 소송하면 받을 수 있는 돈이지 않냐고 희망을 내비치기도 하면서 B씨의 감정은 롤러코스터를 탔다. 재판이 진행되는 과정에서 금융 다단계 대표는 돈을 이미 다 써서 투자금을 지불할 능력이 없다고 말했다. B씨는 돈을 한 푼도 받지 못한다는 걸 알고 한동안 충격에서 벗어나지 못했다. 몸무게가 10킬로그램 이상 빠지고 모든 일에 의욕을 잃었다. 이 사실을 모르는 B씨의 남편은 아내가 갱년기 증상이 심해진다고 걱정했다.

나는 B씨에게 사라진 돈은 어쩔 수 없으니, 일을 하면 좋겠다고 권했다. 일하면서 돈도 벌고 몸을 움직여야 괴로움도 잊을 수 있다고 설득했다. 사건이 터지고 6개월 만에 B씨는 일을 시작했다. 손해 본 금액만큼의 복구는 어렵겠지만 작은 돈이라도 모으는 재미를 다시 한번 느껴

보자고 격려하며 아르바이트로 버는 돈은 오롯이 저축하자고 상담했다. 그렇게 B씨는 점차 안정되어 갔다.

어느 날 새벽, B씨로부터 전화가 걸려 왔다. B씨의 남편이 운전 중에 사고가 나서 중환자실 앞이라며 한동안 휴대폰을 잡고 울었다. 화물차는 새벽에 운전하는 경우가 많은데 고속도로 운전 중 앞에서 1차 사고가 났는데 안개가 심해서 시야 확보가 잘 안 되는 상황이었다고 했다. 순식간에 일어난 사고로 B씨의 남편은 두 다리가 모두 부러져 응급 수술을 받았고, 앞으로 수술도 몇 번 더 받아야 하고 재활하는 데 얼마나 시간이 걸릴지 아무도 모른다고 의사에게 들은 말을 전했다.

2주 뒤 B씨의 남편은 일반 병동으로 옮겼고 본격적인 사고 수습에 들어갔다. 경찰들이 찾아와 조사하는 과정에서 1톤 트럭이 B씨 남편의 화물차를 들이박고 운전자는 사망했단다. 경찰은 사망 사건으로 B씨 남편이 기소될 수 있다고 말했다. 수술 후 제대로 거동할 수 있는 상태가 아닌데 기소라는 말까지 들은 B씨 남편의 불안함은 극에 달했다. 구속될 수도 있는 상황이라는 말에 몸도 성하지 않은데 어떡하냐며 걱정이 컸다. 다행히 운전자보험에서 변호사비용을 청구할 수 있어서 변호사를 선임했고, 국립과학수사연구소에서 B씨 남편의 잘못이 아니라는 결론이 나서 무혐의로 마무리되었다.

보험금으로 B씨 남편은 큰 걱정 없이 수술하고 재활하면서 일 년여의 시간을 보냈다. B씨 남편은 다시 일을 하게 되었다. 다시 복귀할 수 있는 시간이 오게 될 줄 몰랐는데 일할 수 있는 행복이 어떤 건지를 알게 되었다고 함박웃음을 보인 B씨 남편. 그분의 웃음이 아직도 잊히지 않는다. 재활도 힘든 상황이었지만 수술비, 입원비 걱정이라도 덜어드린 것 같아 뿌듯했다.

우리의 일상은 예기치 못한 일로 한순간에 깨질 수도 있다. 많은 사건 사고를 지켜보면서 나는 일상의 귀함을, 일상의 감사함을, 그리고 준비된 보험의 필요성을 매번 느낀다. 사건 사고에는 그 누구도 예외가 없다. 사고가 없기를 간절히 바라는 마음이지만 준비가 되면 조금 덜 고통받기에 조금이라도 도울 수 있는 일을 하고 있음에 그 또한 감사하다.

3-6.
중년에는 노후 준비를 우선으로 하라

보험료 액수가 너무 커서 저축을 할 수 없다는 직장인 C씨. 중년으로 접어들었는데 은퇴 준비는커녕 먹고사는 문제밖에 해결이 안 된다고 신세 한탄이다. 빚이 절반인 집, 대출이 남은 차, 대학생 아들 둘. 맞벌이여도 늘 허덕인다고 했다. C씨와 상담하다 보니 보험료 지출이 소득 대비 20퍼센트에 달했다. 보험료가 많은 특별한 이유가 있는지 궁금해서 "왜 그렇게 많은 보험에 가입하셨을까요?"라고 질문했다. C씨는 시부모님이 모두 암으로 돌아가시면서 불안감에 한 개씩 가입하다 보니 보험료 지출이 늘었다고 대답했다.

유전력을 무시할 수 없어 준비하는 건 필요하다. 하지만 현재와 미래까지 담보 잡히고 보험을 유지하는 것은 50퍼센트의 확률 게임에서 지는 게임이다. 우리는 100퍼센트 확률이 있는 것부터 준비해야 한다. 그리고 확률이 점점 낮은 것으로 준비하는 과정을 거쳐야 한다.

100퍼센트 확률에 해당하는 것은 무엇일까? 당연히 노후 준비이다. 몇 년을 살지 모르나 우리에게 노후는 반드시 오고, 돈을 버는 시기는 영원하지 않다는 사실이다. 나는 C씨에게 그 사실을 인지시키고 단기, 중기, 장기 저축을 계획하도록 했다. 먼저 자녀에게는 어떻게 어느 만큼의 도움을 줄 것인지 결정하도록 안내했다. 결혼 자금으로 어느 정도 액수를 생각하고 있는지 정해 놓아야 함을 알렸다. 대출이 많은 집도 은퇴 전까지 대출이 정리가 되는 건지 파악한 후 집을 줄여가는 방법도 고민해 보도록 했다. 차는 2년 후면 대출이 끝나니 계속 유지하고 차량 교체는 하지 않는 걸로 마무리했다.

보험은 환급형이 아닌 순수 보장형과 갱신형으로 변경했다. 유전력 때문에 모든 보장을 줄일 수 있는 것은 아니라서 부부가 은퇴 전까지는 보장을 크게 하고, 은퇴 후에는 유지 가능할 정도로 조정했다. 저축할 여력이 없어 보였던 이 가정에 보험료 1백만 원을 줄여서 단기, 중기, 장기 저축을 마련할 수 있었다. 집은 5년 정도 유지하다 안 되면 팔고 조금 저렴한 집으로 이사하면서 노후 자금을 마련하기로 정리했다.

은퇴 후 두 분 모두 제2의 직업을 준비하라는 제안도 했다. 돈벌이도 중요하나 자신들이 하고 싶었던 취미를 통해 소소한 돈벌이를 해 보면 좋을 거라고. 앞으로 30~40년을 더 살아야 하는데 조금씩 일하면서 노후를 보내는 것이 가장 큰 노후 준비 중 하나라고 말씀드렸다.

현재 C씨 부부는 남편은 가구 만드는 취미로 아내는 뜨개질로 주위 사람들에게 소품을 만들어 선물도 하고 주문도 받으면서 소소한 부수입을 창출해 나가고 있다. 은퇴 후에는 이 일을 본격적으로 해 보겠단다. 저축 없이 매일 불안한 마음이 컸는데 저축도 하면서 취미로 노후 준비도 할 수 있어서 하루하루 기대가 된단다. 나 또한 이런 소식을 들으며 미소 지을 수 있어 감사하다.

3-7.
배우고 실행하며 로드맵을 수정하라

나는 고객의 경제 로드맵을 각 개인에 맞게 설계하며 상담한다. 내 경제 로드맵 또한 작성해서 실천하고 있다. 누구나 나에게 꼭 맞는 맞춤형으로 로드맵을 설정하고 실행해야 한다. 한 번 작성한 로드맵은 그걸로 끝이 아니다. 실천하면서 한 가지씩 이루어 가는 과정에서 나에게 불필요하거나 맞지 않는 요소들은 수정해야 한다.

그리고 지속해야 한다. 뭐든 시작할 때는 의지가 하늘을 찌르나 시간이 지나면서 흐지부지되기 일쑤다. 꾸준함은 누구나 쉽지 않다. 포기만 하지 말고 조금씩이라도 가 보자. '가계부를 쓴다고 뭐가 달라지나? 오히려 열만 받지'라며 매달 적자인 가계부를 던져 버릴 수도 있다. 그러면서도 쓰고 한 달을 돌아보면 줄일 수 있는 것들이 보인다.

또 한 가지 중요한 건 소득을 높이는 것이다. 나는 늘 현재 소득의 10퍼센트만 높여 보자고 결심한다. 그리고 내가 할 수 있는 것에 대해 계획하고 실천한다. 이를 위해 계속 공부하고 필요한 전문적인 지식을 쌓아 가다 보니 나는 자산 관리 전문가가 되었다. 소득의 10퍼센트, 20퍼센트 그 이상의 소득을 창출하고 있다. 작은 성공 경험이 다음 성공을 만들어 가는 디딤돌이 되어 한 단계씩 성장을 거듭했다. 자산의 크기를 키우는 동시에 호황기든 불황기든 이겨 나갈 수 있는 현금 자산을 탄탄하게 만들어 가고 있다.

나는 10년 이내에 자산 50억과 현금 2천만 원을 달성하기 위한 로드맵을 다시 설계해서 실천하고 있다. 로드맵은 매년 다시 그리며 목표를 정해 실행한다. 물론 이룰 수 없는 목표일 수도 있다. 그럼에도 목표를 정하고 가다 보면 도달할 수 있다는 희망이 생겨서 더 노력하게 된다.

남편의 병으로 내 교육철학은 바뀌었다. 아이들이 행복하게 본인이 하고 싶은 걸 찾는 시간을 주고 그렇게 살도록 계획하고 실천하도록 믿어 주는 거다. 그것이 경제적 자유를 누리고 싶은 가장 큰 이유이기도 하다.

많은 사람을 만나 상담하다 보면 수입이 많다고 미래를 잘 준비하는 건 아니다. 수입이 적다고 저축을 못 하는 것도 아니다. 수입이 많든 적든 각자의 상황을 제대로 파악하면 된다. 소비, 지출을 파악하고 자신이 원하는 버킷리스트를 작성하면서 계획을 세워야 한다. 돈 공부, 투자 공부도 하면서 본인이 원하는 미래를 잘 설계해야 한다. 자신이 원하는 미래를 꿈꾼다면 지금 당장 자리를 박차고 일어나라. 자신만의 경제 로드맵을 그려 보고 수정하면서 실천해라. 천리도 한 걸음을 떼야 이를 수 있다.

3-8.
일정 정도의 돈이 당신을 자유롭게 하리라

돈이 없어 울던 날들이 많았다. 돼지 저금통에 있는 동전마저도 다 써 버려서 딸이 사 달라고 하던 1천 원 하는 젤리 하나 못 사 줄 때도 있었다. 카드값이 없어 쩔쩔맬 때 남편의 대학 때 교수님이 병문안 오셔서 주신 돈으로 겨우 카드값을 메울 때도 있었다. 하루라도 돈 걱정 없이 살아 보는 게 소원이었다. 먹고사는 것만 해결돼도 좋겠다고 잘 때마다 눈물을 흘리며 기도했다. 이 시절을 지나 투자로 돈을 벌었고, 보험설계로 소득도 증대되면서 눈물 흘릴 정도로 돈 걱정을 하지 않은 상태가 되었다.

돈이 생기면서 가장 좋은 점은 아이들에게 다양한 경험을 하게 해 줄 수 있는 거였다. 아들은 필리핀에서 어학연수를 하고 미국에서 교환 학생 생활을 할 수 있었다. 아들은 유학을 가지 않았다면 우물 안 개구리처럼 대학만을 목표로 살았을 텐데 다양한 사람들과 문화를 접하면서 공부가 전부는 아니라는 것을 배웠다고 한다. 아무 개념 없이 살 수 있었던 시기에 가장 치열해 봤던 시간을 경험한 게 큰 소득이라고 말한다.

딸은 집을 나서면 입을 열지 않는 아이였다. 딸이 다닌 학원 선생님께선 3년간 딸의 목소리를 거의 들어 본 적이 없다고 했다. 늘 조용하고 겁이 많아서 집을 떠나면 큰일 나는 줄 아는 아이였다. 영국으로 단기 연수를 보내는 데도 울고불고 안 가겠다는 아이를 등 떠밀어 보냈다. 갔다 온 후부터 딸은 변하기 시작했다. 전국에서 모인 친구들과 생활하면서, 다른 나라에서 온 친구들을 만나면서 '지금껏 왜 이렇게 살았나' 싶은 생각이 들었단다. 고등학교도 스스로 대안학교를 선택했다. 입시보다는 다양한 프로젝트를 할 수 있는 곳이면 좋겠다는 의견을 내서 나는 흔쾌히 허락했다. 대안학교 중에서도 학교 교육과정이 많이 반영되지 않은 비인가 대안학교를 선택했다. 교육부에서 인가한 대안학교는 아무래도 학교 교육과정을 많이 반영한다는 정보를 접한 아이의 결정이었다.

돈이 없었다면 남편의 요양병원비는 엄두도 못 냈을 거다. 오랜 기간 투병하면서 매달 들어가는 요양병원비 때문에 이혼도 고민했을 정도였다. 그러나 아이들에게 돈이 없어 이혼하는 부끄러운 모습을 보이고 싶지는 않았다. 남편의 장애 연금을 신청했을 때도 내 소득이 높아서 장애 연금을 받을 수 없다고 통보받았다. 나는 내심 기뻤고 내가 더 벌자는 마음으로 더 열심히 살았다. 남편은 이제 더 이상 일상으로 돌아올 수 없는 상태다. 그를 마지막까지 지켜 주겠다는 생각으로 살아가고 있다. 돈이 없었다면 과연 이런 생각을 할 수 있었을까.

매일 돈 때문에 울던 나에게 가족이 살 수 있는 집을 선물해 줬고, 아이들이 하고 싶은 걸 누릴 수 있는 혜택을 선물해 줬다. 남편의 요양병원비도 해결해 줬고 나에게는 배우고 싶은 걸 맘껏 배울 수 있는 여유를 줬다. 돈이 모든 걸 해결해 주진 않지만 적어도 나에게 자유를 선사해 줬다.

나는 이제 돈 때문에 하고 싶은 일을 하지 못하는 정도는 아니다. 내가 가고 싶은 곳이 있을 때 돈 때문에 마음 졸이는 일도 없다. 내가 움직일 수 있는 범위 내에서 자유롭게 뭐든 할 수 있다. 배우고 싶은 거에 기꺼이 투자할 수 있는 여유가 나를 자유롭게 한다. 당신도 당신을 자유롭게 할 정도의 돈을 가질 수 있다고 결심하라.

4장

부자도
연습해야 한다

4-1.
자신만의 기준을 세우고 투자하기

코로나 시기에 부동산, 주식 분야는 그야말로 광풍이 불었다. '누가 얼마를 벌었대, 누가 뭘 샀대'라는 '카더라' 소문이 귀에 들리면 나도 모르게 불안에 휩싸였다. 인스타그램이나 유튜브에서 성공한 사람들의 인터뷰를 보면 '왜 나는 못하나'라며 자책하곤 했다. 사람들도 나와 같은 심정이었는지 너도나도 부동산과 주식 시장에 뛰어들었다. 코로나가 종식되고 금리는 높아졌다. 경기 침체가 지속되면서 현재 자산 가치는 많이 떨어졌다. 빚내서 투자한 사람들의 이율은 상상을 초월한다. 나 또한 투자하면서 오르기도 하고 내리기도 하는 시간을 맞이했다.

금리가 오르면 출구 전략을 세워야 하고 금리가 내리면 견디는 전략을 세워야 한다. 우리는 어디가 출구인지 어디가 입구인지 잘 모를 때가 많다. 이 기준은 본인만 결정할 수 있다. 부동산, 주식 관련 책을 읽다 보면 혼자서 공부하는 데 한계를 느낀다. 관심 분야가 같은 사람들이 모인 모임에 가입하고 배워야 한다. 나도 10년 넘게 무료 강의부터

수천만 원 하는 강의까지 들었던 경험이 있다.

   수년간 강의를 들으면서 강의하는 사람 중에는 자신의 이익을 추구하면서 자기가 가진 것을 하나도 내어놓지 않는 사람도 있음을 알았다. 어떤 강사는 무조건 본인만 믿고 따르면 된다고 한다. 정말 위험한 발상이다. 강사들의 말만 듣고 내 기준 없이, 내 주머니 사정도 생각하지 않고 덤벼들다가 나락으로 떨어진 사람들을 많이 봤다. 스스로 공부하고 본인의 상황을 파악해 가면서 투자해야 한다.

   나도 투자하면서 좋은 결과만 낸 건 아니다. 살 때는 좋은 매물들이 시장 상황에 따라 최악이 되기도 하는 걸 경험했다. 입구 전략은 잘 세웠지만 출구가 보이지 않을 때도 있었다. 이런 경우는 견디면서 출구 전략을 다시 세워야 하는 걸 알게 되었다.

   우리는 남들이 가진 겉만 보고 판단한다. 그 사람이 그 자리에 있기까지의 과정에는 관심이 없다. 과정에는 그 사람의 피, 땀, 눈물이 녹아 있다는 걸 우린 놓치고 있다. 결과만 놓고 판단하며 공부하지도 않고 그냥 따라서 부동산을 사고 주식도 산다. 힘든 상황이 닥치면 본인과는 맞지 않는 것 같다고 한탄만 한다. 거기에는 공짜로 뭔가 얻으려는 심리가 있음을 알고 내 마음을 잘 다스리며 들어갈 때와 나올 때의 기준을 가져라.

급등하든 급락하든 평정심을 잃지 않을 수 있는 정도의 여유와 상황에 대해 지속적으로 관심을 가지고 지켜보는 자세가 중요하다. 남의 떡은 절대로 거저 크게 된 게 아니다. 남의 떡이 커 보일 때 항상 내 마음의 바닥을 들여다보라. 급한 마음 내려놓고 하나하나 차근차근 내가 할 수 있는 걸 준비해야 한다.

4-2.
버킷리스트 작성하기

버킷리스트는 죽기 전에 꼭 해야 할 일이나 하고 싶은 일들에 대한 리스트에서 유래되었다. 버킷리스트를 쓰다 보면 내가 하고 싶은 건 어떤 건지 내 안의 욕구를 들여다볼 수 있는 시간이 된다. 나는 현실에서 이루어질 수 없을 것과 현실 가능한 것의 목록을 쓰면서 버킷리스트의 두 얼굴을 보았다. 현실에서 이루어질 수 없는 리스트는 로또 복권 당첨과 같아 쓰면서 그냥 기분이 좋아지는 거 외에는 별 효과가 없음을 알았다.

버킷리스트를 10년 정도 쓰다 보니 이젠 1일 버킷리스트, 1개월 버킷리스트, 1년 버킷리스트, 5년 버킷리스트, 평생 버킷리스트로 나누고 점점 구체화하면서 쓴다. 버킷리스트를 적어 잘 보이는 곳에 붙이고 하나하나 성취해 가면서 성취한 버킷리스트에 줄을 그어 가는 기쁨이 내 삶에 큰 동기 부여가 되었다. 기쁨이 커질수록 더 많은 리스트를 작성하고 성취감을 맛볼 수 있었다.

버킷리스트를 작성하면 내가 막연하게 생각했던 것을 명확하게 알 수 있고, 내가 원하는 것들을 알게 한다. 나아가 구체적인 행동 방법을 세우게 된다. 내 욕망을 점검하고 내가 이루고 싶은 것들을 이루는 버킷리스트를 통해 난 성장했다.

버킷리스트를 작성할 때 10개 이상을 적는 사람들이 많지 않다. 생각보다 본인이 원하는 게 무엇인지를 잘 모르기도 하고 큰 목표만 생각한다. 작은 목표들은 생각해 보지 않는 것이다. 작은 목표를 이루어야 그다음의 목표를 이룰 수 있는 자신감이 생기는 것처럼 버킷리스트도 큰 범위의 버킷리스트 아래에 작은 리스트를 구체화해서 적어야 한다. 그래야 이룰 가능성이 높아지고 성취의 기쁨도 맛볼 수 있다.

① 평생 버킷리스트
* 55사이즈 유지
* 50억 자산 만들기
* 일 년 두 번 해외여행 가기
* 취미 2가지 가지기
* 매년 전체 식구들 여행 가기
* 주 5일 운동하기
* 주 1회 등산가기
* 매달 5백만 원+@ 현금흐름 만들기(국민연금, 배당, 개인연금, 주택

연금)

② 5년 버킷리스트
* 책 출간
* 강의 시작하기
* 이사 가기
* 순례길 탐방
* 서재 만들기
* 아이들 경제적 독립시키기
* 아이들과 가족 계 만들기
* 현금 자산 5억 만들기
* 일 년에 한 달 집 떠나 살기
* 차 바꾸기
* 매달 유기묘, 유기견 자원봉사 가기

③ 1년 버킷리스트
* 매일 5시 기상
* 매일 성경 2장 읽기
* 매일 감사하다는 말 10번 하기
* 매일 영양제 챙겨 먹기
* 건강검진 받기

* 30분 이상 운동하기
* 일주일 3번 웃는 얼굴 셀카 찍기
* 일주일 3번 이상 일기 쓰기
* 일주일 1번 도서관 가기
* 3kg 감량
* 밀가루, 국, 당음료 끊기
* 보디 프로필 찍기
* 단발머리 만들기
* 봄, 가을 해외여행 가기
* 매달 3권 책 읽기(연 35권 읽기) - 하루 30분 책 읽기
* 부모님 모시고 여행하기
* 스터디 카페 양도하기
* 구미, 안산 매물 처분하기
* 매달 저축액 전 달보다 10% 증액하기
* 월 1천만 원 이상 수입 만들기

버킷리스트는 내 성장에 따라 변한다. 실행 결과에 따라 쓰고 지우기를 반복하며 업그레이드가 필요하다. 버킷리스트를 쓰면 반드시 시각화하라. 하나씩 이룰 때마다 '완성'이란 단어가 늘어날수록 자존감과 삶을 존중하는 마음이 커진다. 나는 열등감으로 가득 찼던 시기에 버킷리스트를 통해 형광펜으로 한 줄 한 줄 그어 가는 희열을 맛봤다. '내

인생도 이렇게 이룰 수 있는 것들이 많이 있구나'를 느꼈다. 조금 더 큰 버킷리스트도 이룰 수 있지 않을까 하는 설렘으로 적고 또 적으며 이루고 싶어 안달이 났다. 그리고 그걸 이루기 위하여 행동하는 내 모습을 발견했다. 일단 한번 해 보라.

4-3.
무조건 운동하기

누구나 운동은 중요하다고 말한다. 그러나 운동을 시작하기는 쉽지 않다. 한 번 하면 몸이 아프고 힘들어 그만두기도 한다. 운동할 시간도 마음의 여유도 없이 살다 보니 나는 운동은 사치라고 생각했다. 먹고 사는 문제도 해결되지 않는데 운동할 시간이 어디 있냐고 핑계를 댔다. 운동은 돈 많고 시간 많은 사람이 하는 거라고 규정짓고 살았다.

가장으로 살며 육아까지 하다 보니 아픈 내 몸을 돌볼 시간 없었다. 엄청난 스트레스와 쉼 없는 일에 결국 탈이 나고 말았을 때 의사는 운동을 권했다. 운동량을 늘려 가면서 체력을 키워야 한다고 말했다. 운동할 시간이 없는데 운동을 하라니 고민이 됐다. 돈을 들일 수 없어 새벽에 시간을 내서 집에서 혼자 할 수 있는 스트레칭, 계단 올라가기, 줄넘기부터 시작했다. 운동량이 늘면서 피곤함은 줄고 근육이 늘어 몸의 변화를 느끼기 시작했다.

그러자 운동이 슬슬 재밌어지기 시작했다. 살기 위해 시작한 운동은 나에게 쉼을 주었고, 나를 사랑할 수 있는 선물임을 알게 했다. 스트레스 받고 힘들 때마다 무조건 집 밖으로 나가 걷든 뛰든 하다 보면 잡념도 사라지고 생각이 정리됐다. 그 후 헬스, 필라테스, 배드민턴, 점핑, 탁구, 사이클 이런저런 운동을 하며 홈 트레이닝(Home training)이 나에게 맞는 운동이라고 결론을 내렸다. 누군가와 시간을 맞추지 않아도 되고, 시간이 날 때 하면 되니 시간 제약도 없고 하고 싶은 만큼 할 수 있는 것도 매력이었다. 요즘은 유튜브에 좋은 영상들이 많아서 근력, 복근, 유산소, 스트레칭을 나름 일정표를 가지고 운동 중이다.

운동은 나에게 한계에 도전하는 도전 정신과 성취감으로 자존감을 높여 주었다. 운동을 하면서 오로지 홈 트레이닝으로 50살 이전에 보디 프로필사진을 찍고 싶은 목표가 생겼다. 목표가 생기자 바로 도전했다. 두 달 동안 매일 아침, 저녁으로 1시간씩 운동하고 식단을 정해 철저하게 지켜 나갔다. 아침, 저녁으로 운동 습관을 만들고, D-DAY를 정해 운동했더니 눈에 띄게 몸이 변화되었다. 두 달에 6킬로그램을 감량했다. 보디 프로필 사진을 찍는 마지막 주간은 8리터 물을 마시고, 2일간은 물 한 모금 마시지 않고 근육을 완성하는 운동으로 나의 한계를 경험했다. 두 달 동안의 경험을 통해 나는 뭐든지 하고자 하면 목표를 향해 행동하고 종착점에 도달하는 사람이라는 걸 알았다.

보디 프로필 사진을 찍고 돌아오는데 눈물이 났다. 기쁨의 눈물이기도 했고 나를 위로하는 눈물이기도 했다. 보디 프로필 사진을 찍으면서 '내 인생에서 이런 걸 할 수도 있구나'라며 신기했고, 고생한 나에게 박수를 쳐 주었다. 몸을 만드는 일은 돈이 되지도 않고 나를 고통에 몰아넣는 것 같았지만 그 도전은 또 다른 나를 만나는 시간이었다. 일하는 성취감 못지않게 몸이 만들어지는 과정은 또 다른 나의 성장 목표를 만들어 가는 계기가 되었다. 몸이 변하니 피곤함도 없고 생활에 활력이 생겼다. 뭘 해도 할 수 있다는 자신감이 생겼다. 나에 대한 믿음이 더욱 커졌다.

건강한 정신은 건강한 몸에서 나온다는 말이 그냥 나온 말이 아니라는 걸 몸소 체험했다. 운동은 스트레스 받은 우리 몸을 정상화하고 복잡한 생각을 정리해 준다. 머릿속이 복잡할 때 무조건 그 자리를 박차고 나가라. 걷기라도 하면 당신의 상황을 정리시켜 줄 것이다.

건선이 온몸을 덮을 땐 우울증이 심해져 나를 힘들게 할 때도 많았다. 건선으로 약해진 피부와 스테로이드제 복용은 위염을 불러왔다. 아직도 건선은 나를 괴롭히고 있지만 지금은 건강한 식단과 운동으로 약 복용을 끊고 조금씩 다스려 가는 중이다. 몸을 움직여 건강한 몸을 만드니 우울한 마음도 점점 줄었다. 운동을 하면서 집중력도 좋아졌다. 땀 흘려 운동하고 샤워를 할 때는 콧노래를 부르며 행복해한다. 나에게 운동은 만병통치약이다.

나는 '선택과 집중'이라는 말을 좋아한다. 인생에서 반드시 선택해야 하는 것 중 하나를 꼽는다면 바로 운동이다. 부를 이룬 성공자들의 공통점 중 하나도 운동이다. 아무리 큰 부를 이루어도 건강을 잃으면 아무것도 내 것이 아니다. 부를 이루는 데도 건강이 필요하지만 부를 누리는 데도 건강이 필요하다. 부자가 되고 싶고 그것들을 누리고 싶다면 반드시 운동과 친해져야 한다.

4-4.
자기만의 루틴 만들기

나는 늘 '바쁘다 바뻐!'를 입에 달고 살았다. 새벽부터 저녁 늦게까지 직장일, 집안일, 투자, 육아, 남편 간병까지 바쁘게 하루가 돌아갔다. 잠시라도 쉬면 안 된다는 불안감이 하루 종일 뭔가 붙들고 있게 했다. 혼자 감당해야 한다는 중압감에 어깨가 무거웠다. 잠을 자는 것도 아까워하며 일했다. 잠은 항상 부족했고 불안한 마음에 집중할 수도 없다 보니 하는 일마다 실수도 잦고 일이 엉망으로 진행되는 경우도 많았다.

일을 망치면 내가 잘못을 저질렀는데도 불구하고 "나는 가장으로 살면서 해야 할 일이 너무 많잖아"라며 합리화하기에 급급했다. 또한 "남들은 나처럼 할 일이 많지 않잖아"라며 남들과 비교하면서 신세 한탄으로 이어 갔다. 잦은 실수로 인한 자기합리화와 남 탓은 내가 나에게 쏘는 화살이었다. 그 화살들이 나에게 날아와 나의 온몸에 박혀, 일상은 오히려 더 무너졌다. 공허함과 불안은 더욱 커졌고 가족들에게 짜증을 내는 횟수가 점점 늘기 시작했다. 갈수록 예민해지고 스스로 자책하는 시간이 많아졌다. 도대체 난 무엇을 위해 살아가는지 방향조차 잡을 수 없었다.

"나는 왜 이리 바쁘게 사는 거지?"라며 마음을 진정시키려고 책을 읽었다. 『미라클 모닝』 책을 읽으면서 나만의 시간을 가져야겠다고 마음먹고 새벽을 깨웠다. 1시간은 운동으로 1시간은 책을 읽는 시간으로 정하고 실천했다. 운동으로 잠들어있던 몸을 깨우고 책으로 죽어 있던 뇌세포를 다시 살리는 시간을 만들었다.

새벽 시간은 온전히 나를 만나는 시간으로 자리 잡으면서 바쁘다는 건 핑계라는 걸 알게 되었다. 해야 할 일과 하지 말아야 할 일을 구분하고 해야 할 일 먼저 해결하는 습관을 만드니 생각보다 바쁜 일이 많지 않았다. "통제할 수 없는 것들을 걱정하느라 인생을 낭비하지 말고 통제할 수 있는 것들에 집중해야 한다"라는 말을 가슴 깊이 새겼다. 불안과 걱정 때문에 가만히 있으면 큰일 나는 것처럼, 똥 마려운 강아지처럼 움직이는 상태가 '바쁘다, 바빠!' 상태다.

새벽에 나만의 시간을 갖게 되면서 나에게는 메모 습관도 생겼다. 오늘 할 일을 메모하고 생각을 정리하면서 하루를 시작했다. 저녁에는 간단한 일기를 쓰면서 아침에 계획한 일들을 정리했다. 그 시간이 불안을 잠재웠다.

선택과 집중을 통해 생활 전반을 바꾸었다. 저녁 9시나 10시까지 일하던 습관도 바꿨다. 오후 6시에 모든 일은 마무리하고 아이들과 함께 있는 시간을 늘리고 저녁이 있는 삶을 선택했다. 불면증으로 시달리던 시간이 많았는데 불안이 줄면서 10시가 되면 잠자리에 들어 5분 잔 거 같은 꿀잠을 잘 수 있었다.

사람들은 내가 로봇 같은 삶을 산다고 말한다. 새벽 5시부터 정해진 계획에 따라 살고 저녁 10시가 되면 전원이 꺼지는 로봇. 나는 사람들이 뭐라 말하든 나만의 루틴대로 365일을 살아간다. 눈 뜨자마자 따뜻한 물 한 잔에 오늘을 위한 기도로 시작한다. 간단한 스트레칭 후 오늘 할 일을 정리하고 책 읽고, 경제 뉴스도 둘러보고 건강한 아침 식사를 준비한다. 일과를 마치고 집에 돌아와 운동하고 공부한다. 부동산과 주식 공부, 일기 쓰기로 내 성장을 위해 시간을 할애한다.

주말은 나에게 주어진 선물이다. 도서관에 가서 책 고르기, 신간 둘러보기, 남들은 뭘 읽는지 둘러보는 일은 내가 누리는 큰 재미다. 책을 한가득 안고 좋아하는 카페에서 커피 한잔 마시면서 책 읽는 시간은 또 얼마나 행복한지. 주중에 미처 하지 못했던 것을 정리하고 인터넷에서 경·공매 물건을 둘러보기도 하고, 세상 돌아가는 이야기도 읽는다.

나만의 루틴대로 하루를 살다 보니 예측 불가능하던 일들도 예측할 수 있다. 오늘 할 일을 오늘 해내는 만족감에 삶이 풍요롭다. 마냥 불안한 마음은 생각만 하고 아무것도 하지 않을 때 일어난다는 걸 알았다. 어릴 때 방학이 되면 생활 계획표를 만들어 책상 앞에 붙이고 지키지도 않은 날들이 많았던 기억이 있다. 방학 생활 계획표는 숙제 같은 느낌이었다. 자의가 아닌 타의에 의해 만들어진 보여 주기 식의 계획표여서 지키지도 못할 계획이 빡빡하게 들어가 있었다.

지금 내 루틴에 따른 일정표는 나에게 맞는 계획을 세우고 수정하면서 만들어 가고 있다. 나만의 루틴대로 살다 보니 나는 허둥지둥하지도 않고, 실수도 줄었다. 무엇보다 시간의 여유와 함께 마음의 여유도 생겼다. 자신이 할 수 있는 범위 안에서 자신만의 루틴을 만들어라. 루틴이 막연한 불안감을 줄이고 성취감을 선사할 거다.

4-5.
'왜'가 아니라 '어떻게'를 질문하기

하루가 뒤죽박죽일 때가 많았다. 해야 할 일은 태산인데 하루 종일 동동거리다 제풀에 지쳐 잠든 날들의 연속이었다. 24시간이 모자란다고 생각하면서 살아도 이루어 놓은 거 하나 없어 불안과 불면에 시달리며 '나만 왜 이렇게 살아야 하는 거지?'라고 무수히 나에게 질문을 던졌다. 그 질문에 대한 답을 나는 도무지 찾을 수 없었다. 질문이 잘못되어서 답도 찾을 수 없다는 걸 나중에 알게 되었다. 내가 해야 하는 질문은 '왜'가 아니라 '어떻게'라는 걸 깨닫는 순간 질문에 대한 답을 하나씩 찾아갈 수 있었다.

'나는 어떻게 살아야 하는 거지?'라는 질문을 하고 행동하기 위해 동기 부여가 될 만한 이유를 찾았다. 여성 가장으로 가장 먼저 가족이 흩어지지 않고 살아가는 게 가장 큰 목표였다. 그러기 위해선 돈이 필요했다. 나의 수입이 늘어야 우리 가족이 한 집에서 살아갈 수 있다는 생각이었다.

'수입을 높이기 위해선 어떻게 해야 하지?'라고 질문하자 영양사, 과외, 학원 운영 등 여러 가지 아르바이트를 닥치는 대로 하지 말고 한 가지를 제대로 해야 한다는 사실을 알게 됐다. 제대로 된 한 가지를 하자고 마음 먹자 비로소 보험설계사를 할 수 있었다. 보험 일을 시작하면서 나의 금융 지식, 금융 상태가 최악이라는 걸 알았다. '다른 사람이 문제가 아니라 내가 가장 문제구나' 나의 재정 상태부터 점검하고 금융과 보험 관련 공부를 미친 듯이 했다. 그리고 내가 우리 가정에서 느낀 것들과 제대로 계획을 세워 잡아 가는 과정을 그대로 고객에게 전달하기로 했다.

내가 선택하고 결정하는 순간 나는 일에 몰두했다. '일에 관련된 거에는 시간을 할애하되 다른 것에 신경 쓰지 말고, 아니 신경 쓸 여력이 없잖아'라며 오로지 우리 가족만 생각했다. 하루 종일 하던 쓸데없는 고민에는 신경 끄고 돈 버는 일에만 집중했다. 옆도 뒤도 보지 않고 오로지 보험을 연구하고 고객에게 맞는 맞춤 설계만이 고객 만족을 준다는 생각으로 일에 몰두했다.

당신 인생에서 가장 먼저 할 일이 무엇인가?
그 일은 얼마나 중요한 일인가?
그 일을 어떻게 할 것인가?

질문하고 답하고 실천하며 당신만의 삶을 살아라.

에필로그

아이들이 초등학생 때, 회사에서 포상으로 보내 주는 해외여행 프로모션이 있었다. 나는 아이 둘을 데려가고 싶어서 주말도 없이 일을 했다. 목표를 달성해서 두 아이와 첫 해외여행을 갔다. 여권을 처음 만들면서 설레고, 공항도 처음, 비행기도 처음 타 보는 아이들의 눈에는 호기심과 설렘이 교차했다. 아이들은 가는 곳마다 '이런 세상이 있구나' 감탄사를 연발하고 신기해했다. 그때 한없이 밝았던 아이들의 얼굴이 잊히지 않는다. 다음에 또 비행기 타고 해외여행 가고 싶다며 "엄마, 다음에도 꼭! 우리 데리고 해외여행 가 줄 거지? 엄마 늦게까지 일해도 우리가 집안일 도와줄 테니까 알았지? 약속해 줄 거지?"라며 조르던 아이들, 그 약속을 지켜 주고 싶었다.

몇 년 전 아이들과 여행을 떠나면서 폐기된 여권을 가져간 바람에 비행기를 못 타는 사태가 발생했다. 지인을 통해 집에 있는 여권을 공항 오는 버스에 실어 보내 달라고 부탁했고, 비행기표를 다시 발권하고 인천공항에서 18시간을 체류하는 사건이 있었다. 공항에서 아침, 점심, 저녁 식사까지 하고 영화와 공연 관람으로 여행의 첫날을 보냈다. 손에 들고 있던 짐도 다 잃어버려서 비행기 타기 직전까지 찾는다고 아이들을 불안하게 만들었다.

그 이후 아이들은 나와 여행을 갈 때면 여권은 챙겼는지, 짐은 무조건 캐리어 안에 넣었는지 확인했다. 항상 내가 보호자라고 생각하면서 살았는데 여행을 다니면서 오히려 내가 보호를 받는 사람이 되어 가는 걸 느꼈다.

나는 여행할 때 실수를 많이 한다. 아마도 일할 때 갖는 긴장감을 내려놔서 그런가 보다. 이제는 실수해도 걱정이 없다. 아이들의 챙김을 받으며 안전하고 즐겁게 여행한다. 우리는 인생을 여행 같다고 이야기한다. 아무리 계획을 잘 세우고 출발해도 중간에 일어나는 돌발 사태가 생기면서 새로운 에피소드를 만들고 그걸 해결해 가면서 여행의 추억 한 페이지를 완성한다. 행복한 기억만 남는 여행도 있고, 힘들었던 기억이 많은 여행도 있다.

여행할 때마다 여행과 인생이 참 많이 닮았다고 생각한다. 아무리 완벽하게 준비해도 돌발 상황은 생기고, 여러 번 계획하고 수정해서 다시 가는 여행, 돌발 에피소드를 어떻게 받아들이고 해결하는지에 따라 여행의 추억 내용이 달라진다. 우리네 인생 또한 매일 생겨나는 일들을 어떻게 받아들이고 해결하는지에 따라 인생의 풍요로움이 달라진다.

살아 보니, 아니 살아 내 보니 이제야 내가 어떤 사람인지를 조금 알 것 같다. 특별하지 않고 잘나지도 않은 나, 그러나 지금껏 내 삶을 살아 냈고 앞으로도 인생 로드맵을 바탕으로 성장하는 삶을 살아갈 나라는 것을.

이 책을 읽고 있는 독자는 지금 자신을 제대로 알고 있을까? 자신을 과소평가하고 있지는 않을까? 그렇다면 당신 안에 있는 빛을 스스로가 아직 보지 못하고 있는 거다.

지금, 이 순간 나보다 더 힘든 상황에 놓인 사람도 있을 거고, 모든 걸 포기하고 싶은 사람도 있을 거다. 하지만 다시 한번 용기를 내면 좋겠다. 인생 여행은 아직 끝나지 않았다. 다시 시작할 수 있다는 희망을 품어 보자. 지금이 당신의 인생에서 터닝 포인트를 만들 시간이라고 감히 말하고 싶다.

부디 "그래, 다시 한번 해 보는 거야"라고 용기를 내주길 바란다.

부의 메신저

ⓒ 정은영, 2025

초판 1쇄 발행 2025년 6월 10일

지은이	정은영
펴낸이	이기봉
편집	좋은땅 편집팀
펴낸곳	도서출판 좋은땅
주소	서울특별시 마포구 양화로12길 26 지월드빌딩 (서교동 395-7)
전화	02)374-8616~7
팩스	02)374-8614
이메일	gworldbook@naver.com
홈페이지	www.g-world.co.kr

ISBN   979-11-388-4357-7 (03320)

- 가격은 뒤표지에 있습니다.
- 이 책은 저작권법에 의하여 보호를 받는 저작물이므로 무단 전재와 복제를 금합니다.
- 파본은 구입하신 서점에서 교환해 드립니다.